¿Hay alguien aquí?

AF275432

Sol Blanco-Soler
¿Hay alguien aquí?
Fantasmas, poltergeist y casas encantadas
de España y del mundo

Prólogo de José María Pilón

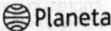

PEFC Certificado

Este libro procede de
bosques gestionados
de forma sostenible

PEFC/14-38-00305   www.pefc.es

eBook
DISPONIBLE

© Sol Blanco-Soler Sampedro, 2007
© del prólogo, José María Pilón, S. J., 2007
© Editorial Planeta, S. A., 2014
   Avda. Diagonal, 662-664, 08034 Barcelona (España)
   www.planetadelibros.com

El editor quiere agradecer las autorizaciones recibidas para reproducir imágenes en este libro.
Se han realizado todos los esfuerzos para contactar con los propietarios de los *copyrights*.
Con todo, si no se ha conseguido la autorización o el crédito correcto, el editor ruega que le
sea comunicado.

Diseño de la cubierta: Booket / Área Editorial Grupo Planeta
Imagen de la cubierta: Shutterstock
Primera edición en esta presentación en Colección Booket: junio de 2024

Depósito legal: B. 9.805-2024
ISBN: 978-84-08-28902-9
Impresión y encuadernación: Liberdúplex, S. L.
Printed in Spain - Impreso en España

Biografía

Sol Blanco-Soler es licenciada en Ciencias de la Información por la Universidad Complutense de Madrid y tiene un máster en Comunidades Europeas por el CEU y por la Universidad Pontificia de Salamanca. Es miembro de la Sociedad Española de Parapsicología y miembro fundador del Grupo Hepta para la investigación de los fenómenos paranormales, creado por el Padre Pilón S. J. en 1987. Durante tres años colaboró en el programa de RNE *La Hora Bruja* y también participó en algunos de los programas de *Cuarto Milenio* en Cuatro TV. Actualmente, es conferenciante habitual en congresos y foros sobre temas paranormales. Además de *Crónicas del Más Allá*, es autora de *Casas encantadas, tesoros y niños perdidos*, *Sobrenatural* y *No saben que están muertos*.

Para más información: www.grupohepta.com

Índice

FANTASMAS

POLTERGEIST

CASAS ENCANTADAS

A mi familia, por su cariño y comprensión.
Al padre Pilón, por su afecto incondicional. De su mano
aprendí el camino de la parapsicología.
A Piedad Cavero, Paloma Navarrete, Lorenzo Plaza,
José Luis Ramos y Jaime de Alvear, miembros del Grupo
Hepta y compañeros de aventuras. Sin ellos este libro
hubiera sido imposible.

Tan sólo el hecho de que Sol me haya pedido que prologue su libro ha supuesto para mí una enorme satisfacción.

Conocí a Sol Blanco-Soler hace ya bastantes años en una reunión de amigos a la que yo había sido convocado para escuchar la intervención de un extraño sujeto —según él, doctor en Medicina—, que nos estuvo contando una serie de situaciones que él había tenido que vivir.

Sol estaba sentada frente a mí, en el amplio corro de personas que participábamos en el encuentro, y desde el primer momento me di cuenta, por los gestos de incredulidad y la simpática sonrisa, de que participábamos de los mismos sentimientos. Al finalizar la reunión nos pusimos en contacto y así comenzó esta amistad, que con el tiempo se ha ido haciendo cada vez más intensa y profunda.

Al pensar en la creación de un «equipo de investigación» para tratar de solucionar los casos que me presentaban de problemas o fenómenos de tipo «paranormal», uno de los primeros nombres que acudieron a mi mente fue el de Sol Blanco-Soler. Ella, en su condición de licenciada en Ciencias de la Información, fue, desde el primer momento, la encargada de redactar los informes de los «casos» que ocupaban al Grupo Hepta, al tiempo que, como experta en fotografía, plasmaba con su cámara —cuando la ocasión lo permitía— los ambientes, las personas y los hechos en los que estábamos inmersos.

Sol Blanco-Soler es una mujer abierta y enormemente intuitiva. Posee una gran facilidad de adaptación a los ambientes en los que debe realizar su trabajo y también una gran capacidad para saber distinguir lo auténtico de aquello que no lo es y ha sido manipulado. Su papel y su tarea dentro del equipo son fundamentales.

Tanto es así que, personalmente, voy poco a poco derivando hacia ella mi función de «orientación» de las tareas. Un claro ejemplo de esta situación es la organización de las XXIX Jornadas de Parapsicología —proceso en el cual nos encontramos en el momento de escribir estas líneas—, obra suya por encargo mío.

Deseo expresar mi felicitación a Sol por esta obra, cuyo tema ella domina tan extraordinariamente.

JOSÉ MARÍA PILÓN, S. J.

El ser humano constató desde siempre que a su alrededor ocurrían hechos que escapaban a su comprensión: algunos de sus semejantes podían predecir acontecimientos, detectar objetos ocultos, hablar con los muertos o curar a sus vecinos con sólo imponerles las manos. Estas manifestaciones le producían perplejidad, y como no acertaba a darles una explicación razonable, trató de justificarlas mediante un sentido mágico o esotérico, exactamente igual que cuando achacó a los demonios o a los dioses el poder del rayo, el misterio de los eclipses o la desdicha de la enfermedad.

El estudio de lo paranormal se inició en fecha reciente. Comenzó en Europa a finales del siglo XIX, cuando los avances de la ciencia revelaron los procesos naturales de numerosos fenómenos que hasta ese momento se habían considerado misteriosos. Muchas de las conquistas científicas habrían sido calificadas como milagro por nuestros bisabuelos. Todos hemos pensado más de una vez lo mucho que se habrían sorprendido al conocer las aplicaciones de la electricidad, los viajes a la Luna, la victoria sobre el tifus, la septicemia o la tuberculosis, y mucho más aún la convivencia con la energía atómica, la teoría de la Relatividad, y en general los conocimientos actuales acerca del micro y el macrocosmos.

Precisamente en esa época de grandes conquistas científicas empezaron a cobrar auge los estudios encaminados a constatar, analizar y sistematizar aquellos fenómenos que no se avenían a las leyes conocidas; es decir; los paranormales, los que están al lado de o fuera de lo que consideramos normal, aquellos para los que la humanidad todavía no ha hallado una explicación razonable.

La primera institución dedicada al estudio del fenómeno paranormal fue la Sociedad para la Investigación Psíquica de Londres en 1882. La siguieron la de Boston en 1885 y el Instituto Internacional de Metapsíquica de París en 1918. A partir de entonces surgieron investigadores y estudiosos ávidos de descifrar los grandes misterios, entre ellos el poltergeist, las casas encantadas y los fantasmas.

La mayoría de este tipo de investigaciones suelen realizarlas psicólogos, físicos, médicos o ingenieros. Estos profesionales están acostumbrados a enfrentarse a respuestas científicas que a menudo les plantean enigmas aparentemente insolubles, y la parapsicología les atrae por lo que tiene de desafío y reto a su inteligencia y a sus conocimientos.

La parapsicología, una disciplina a la que muchos llaman la Ciencia de lo Insólito, está incluida en la nomenclatura internacional de la Unesco para los campos de la ciencia y la tecnología. Ya existen cátedras y departamentos de parapsicología en muchos países, englobados en los estudios de psicología, psiquiatría o medicina. La última cátedra de parapsicología y astrología fue creada en 1985 en la Universidad Pontificia de Letrán, en Roma, y está regida por el padre redentorista austríaco Andreas Resch.

Centros, asociaciones, fundaciones y sociedades complementan en el mundo entero el interés y la investigación de lo paranormal a pesar de que la parapsicología es todavía una rama de la ciencia poco explorada.

Para facilitar el complejo estudio de los fenómenos paranormales se clasificaron en función de sus efectos. Aquellos que estaban relacionados con procesos de conocimiento, como la telepatía y todas las modalidades de videncia, se denominaron «psi gamma». Aquellos que se relacionaban con efectos físicos se llamaron «psi kappa», y en este segundo bloque se incluyó el fenómeno de la fantasmogénesis, o sea, los fantasmas, el poltergeist y las casas encantadas.

Todos los estudiosos de lo paranormal coinciden en afirmar que las casas encantadas, los poltergeist y los fantasmas son tres de los fenómenos más apasionantes e inquietantes de su investigación. Tanto es así que los parapsicólogos norteamericanos cuando se refieren a ellos hablan nada más y nada menos que de «los tres grandes».

FANTASMAS

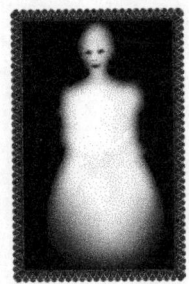

Es difícil creer en los fantasmas, pero los cientos de experiencias que a diario ocurren en el mundo tienen que hacernos pensar que difícilmente puede considerarse este fenómeno como parte de una conspiración o una trama de engaño universal. Por increíble que parezca, la casuística recogida desde hace muchos años revela que los fantasmas existen y que a veces lo invisible se hace visible.

Los fantasmas suelen producir inquietud, terror, evocaciones o ternura, nunca indiferencia. Son tema obligado delante del fuego en las noches de invierno y para muchos son pretexto de burlas y bromas creyendo que de este modo contrarrestan el miedo interior a esta manifestación del Más Allá, con el que todos tenemos una cita a ciegas. Los fantasmas son la representación por excelencia de esa etapa ignorada y misteriosa y, quizá, precisamente por eso, sentimos hacia ellos una atracción especial. Representan el paradigma de lo incomprensible, de lo sobrecogedor, y en su esencia se mezclan lo romántico, lo insólito e incluso el escalofrío.

Creadores y artistas de todas las épocas han utilizado el fantasma como recurso insustituible para suscitar emociones fuertes. Macbeth tiene sus fantasmas, y a Hamlet se le presentó su padre para decirle quién y cómo le habían asesinado, aparición que constituye el verdadero eje de toda la trama de Shakespeare. Tanto Oscar Wilde como Edgar Allan Poe o Bécquer hicieron de los fantasmas un elemento consustancial de sus obras más famosas. ¿Quién de nosotros no ha escuchado alguna frase de boca de los fantasmas del comendador y doña Inés en nuestro clásico *Don Juan Tenorio*? ¿Y quién no recuerda a Obi-Wan Kenobi, el fantasma consejero y protector de Luke Skywalker en *La guerra de las galaxias*, o al protagonista de la película *Ghost* convertido en fantasma detective?

Hay fantasmas literarios y cinematográficos, pero existen fantasmas auténticos que por distintas circunstancias a veces irrumpen en el Más Acá y provocan una chispa de sobresalto en nuestra vida cotidiana. Unos cuentan que han visto un personaje desconocido sentado en la mecedora del abuelo, otros que su hermano asesinado les sonreía rodeado de un halo de luz azulada, otros más que charlaron largamente con amigos o familiares fallecidos.

En 1991 el Tribunal de Apelaciones de Nueva York otorgó carácter jurídico a la existencia de los fantasmas al reconocer a una pareja el derecho a dar marcha atrás en el compromiso adquirido para comprar una vieja casa porque no había sido advertida por el propietario de que en ella ocurrían apariciones fantasmales.[1]

El miedo a los fantasmas puede tener su origen en los contenidos erróneos que se transmiten sobre ellos. Muchas personas rechazan el fenómeno porque no encaja en su concepto de realidad y aceptarlo significa tener que variar las coordenadas del sentir y de los pensamientos. El temor a los fantasmas

---

[1] *ABC*, 21 de julio de 1991, p. 66.

desaparece con una mayor información y conocimiento. Hay que estudiarlos y seguirlos a través de un largo recorrido. Después de ese camino iniciático, el fantasma se habrá convertido en alguien menos insólito y desde luego en un ser cercano y entrañable.

Capítulo I

LOS FANTASMAS DE VIVOS

Ya que este libro pretende informar sobre el fenómeno de los fantasmas, es necesario distinguir entre las experiencias protagonizadas por personas ya fallecidas que vuelven a comunicarse con nosotros, y aquellas otras que son producidas por las capacidades paranormales que tienen algunos individuos, o sencillamente por patologías de la mente.

El ectoplasma, un fenómeno insólito

Muchas personas consideran el ectoplasma como una evidencia más del mundo espiritual, sin embargo no es así: nos hallamos ante un ejemplo de fantasmas de vivos.

Cuando a finales del siglo XIX se puso de moda el espiritismo, muchos médiums aseguraban poder traer al mundo de los vivos a entidades del Más Allá. Producían ruidos y golpes en las sesiones y hacían que mesas, veladores y otros enseres se agitaran, bailaran o flotaran ante espectadores y testigos asombrados e intrigados por tales maravillas.

Entre todos los fenómenos que manifestaban, el ectoplasma era el más insólito. La palabra fue acuñada por Charles Richet, profesor de Fisiología de la Facultad de Medicina de París y premio Nobel de 1913. El médium entraba en trance con ligeras convulsiones y entonces, poco a poco, una sustancia gelatinosa empezaba a emerger por los orificios naturales de su cuerpo: boca, oídos, etcétera.

El ectoplasma posee una tonalidad fosforescente y puede tener distintas consistencias. Unos describen esta sustancia como un fino tejido de gasa, otros como una nube ligera o como una pasta blanda. Cuando brota de los orificios se comporta como si tuviera vida propia, se desliza hasta el suelo y allí empieza a reptar. Cuando tiene poca densidad suele configurarse y adquiere forma de miembros humanos, de flores y hasta de figuras completas. Algunos testigos aseguran que despide un olor ligeramente fétido.

Existen moldes de ectoplasma en París que se realizaron usando parafina. En un cuenco lleno de agua se vertía parafina y ésta formaba una capa flotante sobre la superficie líquida. Cuando el médium introducía en el cuenco parte del ectoplasma se creaba el molde.

Pero aunque pueda parecerlo, el ectoplasma no posee vida propia ni autonomía en sus movimientos. Su existencia es efímera, ya que rápidamente pierde la forma y se reintegra en el cuerpo del médium, al cual permanece unido siempre a través de una especie de cordón umbilical. El peso del ectoplasma es equivalente a la pérdida de gramos del médium que lo produce.

Por encargo de Richet, el alemán Schrenck Notzing, doctor en Medicina, realizó en 1912 un examen microscópico de una muestra de ectoplasma y descubrió que contenía clorato de sodio, fosfato de calcio, glóbulos de grasa, leucocitos y células epiteliales. El 15 de octubre de 1983 el equipo Hipergea realizó un nuevo análisis de ectoplasma y los resultados fueron idénticos.

El ectoplasma más famoso de toda la historia de la parapsicología fue el producido por la médium de 15 años Florence Cook en la década de los setenta del siglo XIX. Su materialización alcanzó tal grado de perfección, que los investigadores bautizaron el ectoplasma con el nombre de Katie King, ya que su asombroso parecido con John King —un «conocido» espíritu— les hizo pensar que se trataba de su hija. Representaba a una joven, con ropajes blancos y ondulantes, algo más alta que la propia Florence Cook. Las numerosas fotografías que se realizaron de este fenómeno y la gran difusión que tuvo lo han convertido con los años en un clásico de la experimentación parapsicológica. Asimismo, sir William Crookes —eminente físico y químico inglés, descubridor del talio— ha pasado a la historia de la parapsicología como la persona que investigó el caso y se enamoró perdidamente de una de sus dos protagonistas, la misteriosa Katie King.

Las proyecciones mentales

Otro ejemplo más de fantasmas de vivos lo constituyen las imágenes que pueden formarse ante nosotros y que son el resultado de proyecciones telepáticas. Unas veces la proyección puede plasmarse sobre una hoja de papel o en el espacio cercano, pero otras puede trasladarse a grandes distancias. Nuestro pensamiento y la voluntad hacen el milagro.

Estas formaciones mentales tienen gran tradición en el Tíbet, donde se las llama *tulpas*, y son el fruto de una mente bien dotada y entrenada que consigue prolongar la propia personalidad a otro lugar. Al parecer estas proyecciones son muy útiles como medio de comunicación entre las lamaserías que distan muchos kilómetros entre sí, inmersas además en una climatología adversa. Un lama puede proyectarse mentalmente a otro y resolver así la falta de teléfono o fax en esas latitudes. En la investigación moderna, a estas proyecciones mentales se las llama «pensiformas».

Puede suceder que un día, caminando por la calle, alguien se encuentre con un amigo que, parado en mitad de la acera, le mire con insistencia. Hasta es posible que al intentar acercarse a él, desaparezca de la vista. Si al llegar a casa le llamara por teléfono, podría comprobar que ese amigo había estado pensando en él precisamente en ese momento.

Existe una variante de la proyección telepática con efectos visibles, son las llamadas en parapsicología «apariciones en crisis». Representan los mil y un ejemplos de personas que, en trance de muerte o gran riesgo, proyectan su pensamiento hacia los seres queridos y éstos lo reciben a modo de imagen o figura del emisor. En esos momentos, la experiencia tiene para el receptor un valor fantasmal. Es el caso del náufrago del *Titanic* que antes de ahogarse pensó en los miembros de su familia con angustia y éstos percibieron su cara con total nitidez, o el caso del piloto derribado que, antes de estrellarse el aparato, se proyectó hasta los suyos y éstos captaron su imagen, apoyado contra el dintel de la puerta. Cuando posteriormente se conocieron los datos del fallecimiento, la visión coincidía con los minutos previos a la tragedia.

El viaje astral

Existe la creencia de que una parte de nosotros puede ausentarse momentáneamente de nuestro cuerpo físico. Puede ocurrir durante el sueño, durante una grave enfermedad, espontáneamente en estado de vigilia o buscando la experiencia a través de técnicas especiales. En cualquiera de estos casos el resultado es el mismo.

La salida del cuerpo astral parece ser la disociación entre el cuerpo físico y un cuerpo inmaterial que produce una exteriorización de nosotros mismos. A este cuerpo inmaterial que se proyecta, algunas personas lo llaman «alma»; otras, «cuerpo espiritual» o «de luz», o «el cuarto cuerpo energético» —porque consideran que tenemos siete—, y para muchas este plano astral constituye la cuarta dimensión o la antesala del Más Allá.

Quienes experimentan este fenómeno por primera vez afirman que les transforma la vida, les convierte a la espiritualidad y al convencimiento de que el cuerpo físico no es más que un instrumento útil para vivir en nuestro mundo, pero que el verdadero yo es muchísimo más rico y apasionante.

Hay amigos que se citan en el astral para recorrer juntos esa realidad desconocida. Algunos se trasladan allí para curar a sus semejantes, mediante operaciones quirúrgicas del cuerpo astral del enfermo. Creen que el cuerpo astral es tan importante para nosotros que si corrigen las anomalías en él, el resultado se reflejará de inmediato en nuestro cuerpo físico. Viajar al astral parece que es tener acceso a una parte del Más Allá. En esa dimensión podemos encontrar otros colores, otras músicas, otros paisajes y otras gentes.

Un torbellino luminoso

La proyección astral es una vivencia personal y, por tanto, no es exactamente igual para todas las personas. Existen, sin embargo, algunas coincidencias. Al principio se siente la sensación de una anestesia de acción lenta, después la rigidez de los músculos y la pesadez del cuerpo. Poco a poco desciende el ritmo respiratorio y un frío glacial invade el organismo de los pies a la cabeza. Sólo entonces el individuo vive realmente el desdoblamiento como una convulsión por dentro que le hace salir del plano físico en un torbellino luminoso e irisado. Por esta razón, los alquimistas de la Edad Media empezaron a hablar de «lo astral», de «lo estrellado», por lo que la experiencia tiene de luminosidad.

Algunas personas salen de su cuerpo por el plexo solar y otras por la cabeza. En ocasiones describen la vivencia del salir como un proceso suave y agradable, mientras que en otras se desprenden del cuerpo físico con tal fuerza que se sienten proyectadas al espacio como por la boca de un cañón. Sin embargo, todas sin excepción están de acuerdo en afirmar que desde el primer momento vuelan libres e ingrávidas y que la sensación es maravillosa. No se sienten los límites del cuerpo, no existen el arriba ni el abajo, la derecha o la izquierda, la percepción es total. Flotan y observan su propio cuerpo bajo ellas como dormido e inerme, como una marioneta rota, atraviesan la materia sin dificultad y descubren sonidos y colores diferentes, personas y paisajes desconocidos. Curiosamente, parece que se nota una diferencia de densidad en el espacio en el que se mueve el viajero astral. La explicación residiría en el cambio dimensional.

Este cuerpo nuevo permanece en todo momento unido al físico por una especie de cordón umbilical, plateado y flexible, por el que corre la energía vital. Se dice que cuando se produce el fallecimiento este cordón se rompe, liberándose el cuerpo astral definitivamente.

Las experiencias extracorpóreas son conocidas internacionalmente como OBE (*Out of the Body Experiences*, experiencias fuera del cuerpo). En los años setenta, tanto en la Universidad de Duke, en Carolina del Norte, como en la Universidad de Davis, en California, se realizaron pruebas muy interesantes sobre este fenómeno paranormal. Las conclusiones a las que llegaron los investigadores fueron éstas:

- El individuo que se encuentra en ese estado tan peculiar se percibe a sí mismo ocupando un lugar físico diferente al de su cuerpo. Su cuerpo astral es parecido al físico pero tiene otra consistencia.
- Su estado mental es racional y totalmente normal.
- Es consciente de que no está soñando.
- Puede percibir su cuerpo físico.
- Cuenta que puede trasladarse a los lugares escogidos con sólo desearlo.
- Puede atravesar los cuerpos sólidos sin dificultad.
- Se amplía el grado de percepción de los sentidos.
- Y, lo que es más curioso, puede ser visto por personas sensitivas y por los animales.

Muchos seres vivos poseen una capacidad de percepción muy superior a la de los humanos, no sólo en cuanto a la agudeza, sino también en el grado de estímulo al que son capaces de reaccionar. El perro puede oír sonidos a una frecuencia más alta que el hombre; los murciélagos y los delfines se orientan mediante sensores y emisores de ultrasonidos; las abejas perciben los colores hasta en la parte ultravioleta del espectro, y algunas serpientes detectan a sus presas gracias a su sensibilidad para apreciar las más pequeñas variaciones de temperatura. Algunas de estas extraordinarias habilidades sensoriales van mucho más allá de lo que se considera normal, ya que mediante una facultad todavía no explicada científicamente, algunos animales son capaces de percibir una muerte inminente —especialmente si se trata de la muerte del amo—, y también pueden detectar el mundo invisible con la misma habilidad que los humanos.

La noche del 29 al 30 de abril de 1990 se realizó un experimento en mi casa para comprobar si en el astral una persona era capaz de actuar sobre la materia y ser captada por testigos de la experiencia. Se convocó a Cristina Fuentes, profesora de control mental. Cristina debía trasladarse a las doce de la noche a un lugar prefijado —el cuarto de estar—, apagar una vela colocada para este fin y tratar de mover las hojas de una planta. Mientras tanto se realizarían barridos fotográficos por si la emulsión fotográfica era susceptible de captar el cuerpo astral. La experiencia duraría diez minutos.

El resultado fue que las hojas de la planta se movieron con suavidad y la llama de la vela se agitó sin apagarse. Las fotografías no captaron el astral de Cristina, pero mi perro huyó despavorido de la habitación a las doce en punto y no consintió volver a entrar y echarse en su sitio favorito hasta bien rebasado el plazo de la experiencia.

Una proyección psíquica presupone que la mente es capaz de actuar en el mundo físico a través de medios ajenos a los considerados conocidos o normales por la ciencia. El viaje astral permite al ser humano prolongarse más allá de las fronteras corporales y ubicarse en unas coordenadas de espacio y tiempo diferentes. Se dice que a través del astral se llega a la Belleza y a la Verdad. Si alguna vez usted cree ver un fantasma, cerciórese de que no es alguien que en ese momento se encuentra de viaje «turístico» en el astral.

Bilocación, la facultad de estar en dos sitios a la vez

El Diccionario de la Real Academia Española define la palabra «bilocación» como la acción de hallarse una persona «en dos lugares distintos a la vez». Desde la Antigüedad, esta capacidad ha sido atribuida a muchos santos, como san Antonio de Padua, san Clemente o san Severo, y más recientemente al padre Pío, franciscano italiano que utilizaba la bilocación para ayudar a enfermos y menesterosos mientras su otro cuerpo permanecía en el convento cumpliendo la reclusión de su Orden y las tareas de su ministerio.

El periodista Javier Sierra[2] ha investigado y publicado el caso de sor María Jesús de Ágreda, una monja que vivió en un convento de clausura de Castilla en el siglo XVII y que sin embargo viajaba al Nuevo Mundo para evangelizar a los nativos mucho antes de la llegada de los españoles. Sierra expone los hechos situándolos en su tiempo, y sobre ellos construye una novela llena de misterios y acontecimientos inquietantes.

En su libro *Los fantasmas existen*,[3] Franca Feslikenian recoge el caso de Carl S.: «Carl S. era un ingeniero monegasco que se encontraba en Berlín con el encargo de construir un teatro. Un día que no conseguía solucionar la cubierta del tejado, se sintió desalentado y suspendió el trabajo para irse a comer. Al encontrarse con un amigo se entretuvo hablando y olvidó completamente sus problemas. Un par de horas después Carl volvió a su estudio acompañado por su amigo, que quería comprobar la dificultad del cálculo del tejado. Los dos se sorprendieron al ver a un individuo inclinado sobre la mesa de

[2] *La Dama Azul*, Martínez Roca, Madrid, 1998.

[3] *Los fantasmas existen*, De Vecchi, Barcelona, 1971, p. 28.

Carl y trabajando, completamente absorto en su tarea. Pensaron que la dueña de la casa había permitido a un extraño el acceso al estudio, pero pronto se quedaron estupefactos cuando al observar detenidamente al personaje se dieron cuenta que era otro Carl el que estaba sentado a la mesa. Llevaba sus mismas ropas —incluso con el detalle de un bolsillo descosido—. Durante cerca de diez minutos los dos amigos estuvieron observando la extraña aparición hasta que, de repente, vieron cómo poco a poco la visión resbalaba hasta debajo de la mesa y comenzaba a disolverse desde los pies a la cabeza sin que Carl notase la más mínima alteración en su cuerpo. Más extraño todavía fue comprobar que su doble había resuelto el problema del tejado del teatro realizando un bosquejo de una forma de cúpula que Carl no había contemplado en ningún momento».

Los fantasmas del cerebro

La mente es el elemento más importante de la personalidad humana. Su complejo mecanismo es objeto permanente de estudios e investigaciones y, a pesar de ello, nos queda mucho por descubrir acerca del proceso cuyo resultado son los pensamientos conscientes y las emociones.

La patología mental es variadísima, y para poder diagnosticar cualquier alteración de la psique no basta la presencia de un solo síntoma. Una idea delirante, por ejemplo, no implica por sí sola un trastorno de esquizofrenia. Sólo analizando en su conjunto la personalidad del individuo y sus relaciones con el entorno será posible calificar de patológico un acto, una expresión o una vivencia.

Sin embargo, es necesario tener en cuenta que existe una serie de trastornos psíquicos que puede manifestarse con diferentes visualizaciones, experiencias que podrían confundirse con la fantasmogénesis, y de ahí la necesidad de dedicarles este breve apartado.

Imágenes alucinatorias

Es frecuente que tanto los niños como los adultos, después de una tener una pesadilla, sigamos viendo imágenes de la misma una vez despiertos. Una fiebre excesivamente alta o el exceso de alcohol, drogas o estimulantes pueden recrear figuras que son percibidas por el sujeto con una realidad indiscutible.

El eidetismo es la facultad que tienen algunas personas de reproducir imágenes visuales —proyectadas al exterior con claridad y nitidez— percibidas con anterioridad. Por ejemplo, un individuo con capacidad eidética, después de ver una fotografía, a pesar de haber transcurrido cierto tiempo, puede volver a verla perfectamente representada sobre una pared o una pantalla blanca.

Por otra parte, las alucinaciones hipnagógicas son sensaciones ópticas o visiones que aparecen en el momento de despertarse o dormirse. Asimismo, la demencia senil puede desencadenar en algunas personas la percepción de imágenes claramente alucinatorias.

En psiquiatría se llama «delirio» al trastorno del contenido del pensamiento que provoca que éste no siga una línea objetiva de la realidad y, en cambio, manifieste deseos y ansiedades inconscientes. Las ideas delirantes son absurdas e incoherentes, sin trabazón lógica. El enfermo, creyendo que le acechan, puede llegar a ver personajes que le siguen o vigilan.

La ilusión es una imagen o representación sin verdadera realidad, sugerida por la imaginación o por un engaño de los sentidos que se basa en la estimulación real de éstos, sólo que se interpreta mal. Basta que se preste atención o se recapacite para que la ilusión se desvanezca.

Ya en el ámbito de la patología y en un grado más preocupante, existen alucinaciones generadas por estados anómalos del funcionamiento cerebral. Son trastornos de la percepción que pueden hacer creer al enfermo que está viendo fantasmas. Su carácter de realidad y la proyección hacia el exterior de la experiencia, así como la diferenciación de los propios pensamientos, hacen de la alucinación un fenómeno sensorial muy difícil de reconocer como irreal por el propio enfermo. Pueden establecerse conversaciones apasionantes entre un paciente esquizofrénico y los personajes de su alucinación. La convicción de realidad resiste a la crítica y al razonamiento. En algunas ocasiones, el enfermo puede mantener conversaciones con entidades alucinatorias. Creerá contactar con seres de otro mundo, con seres angélicos o demoníacos, pero para él serán entidades vivas y reales.

Cuando le pregunté a la psiquiatra Cristina Gascó cómo podía distinguir, a través de la versión de sus enfermos, el fantasma patológico o imaginado del eventualmente real, me contestó con rotundidad que los fantasmas de sus enfermos siempre desaparecen con sus tratamientos.

Capítulo II

LOS ESPECTROS

Los fantasmas de vivos son muy interesantes, sin duda, pero carecen del impacto que provocan esas figuras que de un modo inexplicable saltan la barrera del Más Allá y se introducen en nuestro espacio tridimensional, intrigándonos unas veces, asustándonos otras y dejándonos perplejos siempre.

Ni todos los fantasmas son lo mismo, ni todos son iguales. Los investigadores hacen una clara distinción entre los espectros y los fantasmas.

Los espectros son imágenes reiterativas que aparecen en lugares donde sucedió un drama o un acto violento, o que poseen una gran carga psíquica de amor u odio. Al ser testigo del fenómeno, el espectador se siente como si estuviese asistiendo a una representación teatral. Los espectros representan los residuos energéticos que una persona genera mientras vive, la manifestación de una energía personal que queda suspendida en el lugar y que algunos receptores humanos pueden percibir en momentos determinados. Esta energía no siempre permanece inalterable con el paso del tiempo y por eso se mantiene mejor en lugares cerrados e inactivos.

El misterio del *Queen Mary*

Uno de los casos más asombrosos sobre el fenómeno de los espectros es el del famoso transatlántico *Queen Mary*,[4] un colosal y lujoso buque que surcó el océano durante treinta años. Zarpó por última vez en 1967, y desde entonces permanece amarrado en el puerto de Long Beach, California, viviendo del recuerdo de su glorioso pasado, como hotel flotante, centro de convenciones y museo.

En el *Queen Mary* ocurren muchas cosas extrañas. Quizá sea porque miles y miles de personas viajaron durante años en él y dejaron retazos de sus vidas. Se dice que en el lugar donde existió el depósito de cadáveres del buque, las luces se encienden y apagan solas y las puertas dan continuos golpes. Pero además, los agentes de seguridad y varios clientes han sido testigos de numerosas apariciones de espectros. Al borde de la piscina, una mujer de unos cuarenta años, con un traje de baño a rayas pasado de moda, se levanta y se zambulle con elegancia en la piscina, vacía, naturalmente. Otros casos son el de un hombre moreno, con barba y chaqueta cruzada, que sube siempre el mismo tramo de escalera, y en uno de los puentes ha sido visto un oficial oteando el horizonte. Pero hay una aparición que conmueve especialmente a los testigos. Se trata de una mujer con traje de noche blanco que suele sentarse al piano para tocar melodías que nadie es capaz de escuchar.

Ahora que el *Queen Mary* está atracado en California y ya no navega alrededor del mundo, los espectros de sus viajeros permanecen en él, nostálgicos de épocas pasadas. Sin embargo, hay que recordar que los personajes espectrales muestran una

---

[4] Arthur Myers, *The Ghostly Register*, Contemporary Books, Chicago, 1986, p. 30.

aparente indiferencia respecto a los seres vivos que los contemplan; parecen formar parte de los fotogramas de una película antigua: suben una escalera, atraviesan un pasillo, penetran en una habitación o sencillamente se hacen visibles o desaparecen sin preocuparse por las personas que encuentran en su camino. Esta absoluta indiferencia es la característica que suele desconcertar a quienes los ven, como desconcertado se quedó el carpintero que acudió a Borley para realizar unas reparaciones.

La rectoría de Borley

La rectoría de Borley guardaba el secreto de un crimen. El edificio se construyó en 1869, en el condado de Suffolk, Reino Unido.

En los años veinte se efectuaron una serie de reparaciones en la casa parroquial. Cerca de la entrada y junto a la verja del cementerio, el carpintero se cruzó con una religiosa que no le devolvió el saludo. La volvió a ver en varias ocasiones, siempre en el mismo sitio y a la misma hora. Un día en que la vio apoyada en la verja, con los ojos cerrados y aspecto fatigado, trató de preguntarle si necesitaba ayuda, pero la monja sencillamente desapareció ante sus ojos.[5]

La noticia del extraño suceso corrió como la pólvora y fue publicada el 10 de julio de 1929 en el rotativo británico *Daily Mirror*. Los detalles de tan inexplicable episodio llegaron a oídos de la Sociedad para la Investigación Psíquica de Londres, organismo fundado en 1882 y pionero en el mundo para

---

[5] Lionel y Patricia Fanthorpe, *Grandes misterios del mundo sin resolver*, Grupo Editorial Tomo, México D.F., 1999, pp. 87-95.

este tipo de estudios. Harry Price, ingeniero y parapsicólogo, experimentado investigador y miembro de dicha Sociedad, se trasladó a Borley para desentrañar el misterio.

En la abadía se oían tañidos de campanas inexistentes, cánticos litúrgicos y escalofriantes gemidos, el lugar parecía ser víctima de un encantamiento. El equipo de Price estuvo varios meses viviendo en Borley, analizando, observando, indagando.

La investigación reveló que el espectro de la monja se basaba en acontecimientos reales, hechos que habían ocurrido muchos años atrás. Marie Lairre era una religiosa francesa que huyó de su país con su amante para refugiarse en Inglaterra. Pero después él la asesinó y la enterró en los sótanos de la casa que existió en el mismo lugar en el que más tarde se construyó la abadía.

Harry Price localizó los restos en el sótano de Borley y dio sepultura a la monja en lugar sagrado, evitando así que permaneciera eternamente en el lugar de la impregnación energética de aquel drama personal.

Dramas personales, asesinatos a sangre fría, todo permanece. Sólo hace falta que alguien sea capaz de decodificar esa información latente.

Si se considera que los espectros son el resultado de una impregnación personal cuya fuerza será proporcional a las emociones, tragedias o sufrimientos padecidos, los campos de batalla son terreno propicio para estas experiencias.

Espectros de batallas

El 23 de octubre de 1643 tuvo lugar en Edgehill, Reino Unido, una sangrienta batalla entre las tropas monárquicas de

Carlos I y los partidarios de Cromwell. A partir de entonces, todos los 23 de octubre y ante el asombro de los lugareños, suele repetirse en Edgehill una reproducción de la batalla, con el sonido de los metales, los gritos de los soldados y la polvareda del combate.

En 1960, y siguiendo las órdenes del vicario John Denning, se organizó una batida para tratar de cazar a los cuatro mil espectros.[6] Intervinieron voluntarios y hasta parte del ejército con perros adiestrados; sin embargo, nada pudieron hacer, porque los contendientes de más de tres siglos de vida se volatilizaron, confundiéndose con el aire.

En otro lugar del mundo, en el campo Triangular, los soldados avanzan, hombro con hombro, y la mirada al frente. Son muy jóvenes. Algunos no han cumplido aún los catorce años y sin embargo se enfrentan a la muerte por una causa más preciosa que sus propias vidas. Parecen vivos, pero todos fallecieron hace más de ciento treinta años. Se trata del regimiento fantasma de Gettysburg, en Pensilvania, Estados Unidos. Muchas personas del lugar suelen oír cañonazos y ven a los soldados avanzar con la bayoneta calada, los uniformes salpicándose de sangre, sudor y barro, y espirales de polvo salir de la tierra.

¡Cuántas tragedias pueden llegar a revivirse con las apariciones en masa! No son alucinaciones. Son manifestaciones de la energía psíquica que se quedó atrapada en el lugar, en 1863, cuando la guerra civil americana dejó en el campo de Gettysburg más de cincuenta y dos mil muertos en el breve espacio de tres días. La mayoría de los soldados que fallecieron fueron enterrados allí mismo, en el campo de batalla, y Gettysburg se convirtió en la mayor fosa común de Estados Unidos.

---

[6] *ABC*, 20 de octubre de 1960, p. 63.

Las historias sobre ejércitos fantasmales y su incidencia en todas las latitudes sugieren que el extraordinario esfuerzo y la emoción intensa del combate favorecen el desarrollo de este tipo de fenómenos.

El hombre de gris

La aparición más famosa del teatro londinense de Drury Lane es el caballero de gris.[7] Se trata de un hombre atractivo, de aspecto elegante y dieciochesco. Cubre su peluca empolvada con un sombrero de tres puntas y se envuelve en una capa gris, larga y ampulosa, entre cuyos pliegues asoma la empuñadura de una espada. No inspira miedo y no le gusta la noche, porque siempre se le ve por la mañana o a primera hora de la tarde. Se pasea lentamente de un lado a otro del anfiteatro para desaparecer poco después atravesando la pared.

Hace un siglo y con motivo de la reparación del anfiteatro, se descubrió por azar un hueco en una pared. Era una pequeña cámara que alojaba el esqueleto de un hombre cuyas costillas todavía sujetaban la hoja de una daga. Los huesos conservaban jirones de ropa correspondientes a la indumentaria del siglo XVIII. Estos restos fueron inhumados en el atrio de una iglesia cercana al teatro.

Sin duda el caballero de gris fue asesinado y emparedado por alguien relacionado con el teatro. No es un espíritu vengativo ni maligno, sencillamente ha quedado allí el testimonio de lo que fue y lo que vivió entre esas paredes. Algunos creen que ver al caballero de gris es augurio de éxito y buena suerte.

---

[7] Daniel Cohen, *The Encyclopedia of Ghosts*, Avon Books, Nueva York, 1991, p. 98.

Oradour, un gran cementerio

Los dramas de la humanidad han revelado la crueldad de todas las épocas y no hace falta remontarse cientos de años para recoger ejemplos de barbarie. Así, durante la Segunda Guerra Mundial, las represalias sobre la población civil fueron una práctica habitual en las zonas ocupadas. Cada vez que el maquis francés hostigaba o saboteaba, el ejército invasor deportaba y asesinaba. Muchas personas firmaron con su sangre y muerte las victorias de la resistencia.

Era un día primaveral y el pueblecito francés de Oradour-sur-Glane amaneció tranquilo y ajeno a la tragedia que llegaría al filo del mediodía y a lomos del caballo de la guerra.[8] El 10 de junio de 1944 era sábado, y muchos forasteros habían acudido a Oradour para pasar el fin de semana. Hacia las dos de la tarde el ruido de varios motores alemanes alertó a los vecinos. Unos vehículos militares bloquearon los accesos al pueblo y los soldados fueron agrupando a los hombres en la plaza principal. Todos fueron ametrallados y sus cuerpos recubiertos de paja, incendiados. Las mujeres y los niños, reunidos por la fuerza en la iglesia, saltaron por los aires a consecuencia de las cargas de dinamita que habían sido colocadas. Para completar la carnicería, los supervivientes fueron rematados a sangre fría. En unas pocas horas fueron asesinadas en Oradour más de setecientas personas.

A trece kilómetros de Limoges todavía existen hoy las ruinas de Oradour. Ni una sola piedra ha sido movida desde entonces para que esta muestra de locura sirva de recordatorio a la humanidad. A pesar de que son muy numerosas las per-

---

[8] Manuel Florentín, «La matanza de Oradour», *Historia 16*, 1987, núm. 140, pp. 71-81.

sonas que visitan el lugar, nadie habla o ríe, la tragedia se revive y el silencio respetuoso es el mejor de los homenajes. Es penoso recorrer las ruinas o entrar en lo que queda de la iglesia. En este espantoso escenario miles de personas dicen haber sido testigos de visiones inquietantes, de luces inexistentes y de figuras etéreas deslizándose entre los vestigios de piedra.

Mary King, la ciudad sellada

Escocia es el país de los bellos paisajes, y también de los espectros. Allí se cuentan muchas leyendas sobre ellos. El viajero sediento de aventuras misteriosas que llega a aquellas tierras en seguida se deja seducir por las explicaciones de los guías acerca de los sucesos truculentos que encierran los muros de sus castillos legendarios y los terribles avatares de la historia que tuvieron como escenario su geografía.

De toda la historia de Escocia, probablemente la Milla Real de Edimburgo sea la calle con más tradición de fantasmas y apariciones. Hasta el siglo XVII, a lo largo de sus aceras se desarrollaron el comercio, la artesanía, la política y las finanzas, así como todos los centros de diversión de la época, que naturalmente incluían tabernas y prostíbulos, generosamente abastecidos con el magnífico whisky escocés.

Eran también los tiempos de la Inquisición, cuyos tribunales pretendían combatir actos de brujería y herejías. Se dice que más de trescientas mujeres fueron quemadas en la Milla Real por «trabajar para el demonio», según rezaban las sentencias. La superchería y la ignorancia hacían creer a las gentes que algunos de sus vecinos, al caer la tarde, se convertían en brujos que repartían malas intenciones desde las alturas, volando sobre sus escobas.

En este ambiente se mezclaban aventureros y comerciantes, entre los que fácilmente surgían duelos y pendencias, además de mercenarios, hechiceros, intrigantes, políticos, pillastres, ladrones de cadáveres, víctimas de incendios, ajusticiados, asesinos... Todos ellos fueron personajes habituales de la vida cotidiana de la Milla Real.

Muchas de las narraciones que han llegado hasta nuestros días pueden ser fruto de las veladas que tenían lugar en las tabernas, pero otras, como las que se cuentan de los callejones de Mary King, son demasiado insólitas como para ser producto de la imaginación.

Hace trescientos años se desató en Edimburgo una epidemia de peste, como consecuencia del incremento de población y la falta de hábitos de higiene. Esta enfermedad, junto con la viruela y la sífilis, causó estragos en toda Europa, y una de las zonas más castigadas de Edimburgo fue el barrio de Mary King. Los apestados escoceses estaban obligados a desplegar un trapo blanco en sus ventanas para advertir a los vecinos de su terrible enfermedad. Al principio sólo se vieron algunos destellos blancos en las casas, pero a medida que la plaga fue extendiéndose, el barrio entero se convirtió en una auténtica regata de veleros siniestros.

La Orden de San Andrés era la encargada de recoger por la noche los cadáveres y de transportarlos fuera de la ciudad en unas carretas de ruedas chirriantes, a cuyo paso, las gentes se estremecían y cerraban a cal y canto los postigos. Una vez en el campo, los cuerpos eran incinerados, ya que el fuego era uno de los pocos métodos efectivos conocidos para erradicar la pesadilla.

Otro modo de controlar la enfermedad incurable consistía en aislar a los apestados en determinadas zonas a modo de lazaretos. Cuentan las crónicas que en 1645 la plaga amenazó con extenderse a toda la ciudad de Edimburgo, y los magistrados ordenaron sellar el barrio de Mary King para evitar la propagación de la peste. Se dice también que antes de que quedaran las casas en cuarentena, sus habitantes fueron trasladados a otro lugar, versión oficial muy difícil de creer porque la medida dictada por los magistrados pretendía evitar precisamente la propagación de la enfermedad. ¿Cómo permitir entonces que los apestados extendieran su mal a otros lugares de asentamiento? Todo hace pensar que el barrio de Mary King fue efectivamente sellado, pero con sus habitantes dentro. Por eso se cuentan tantas historias de aparecidos en los callejones y por eso existen muchos testimonios de personas que dicen haber visto deambular figuras macilentas y andrajosas entre las casas. Mary King era la propietaria de la mayor parte de los edificios que se sellaron por orden judicial. El recinto todavía lleva su nombre y puede visitarse con un permiso especial que se demora varios meses debido al gran número de solicitudes.

Cien años después de la epidemia de peste, los habitantes de Edimburgo, en vez de destruir las casas del barrio de Mary King, las utilizaron como cimientos para nuevas construcciones, lo que hizo florecer en el siglo XVIII una nueva ciudad monumental por encima del dolor, la podredumbre y la muerte. Ahora, para visitar la ciudad sellada hay que descender a las entrañas de la Milla Real a través de una comunicación que existe por los sótanos de la actual Cámara de Representantes.[9]

---

[9] Viaje del Grupo Hepta en 1992.

Bajando unos veinte metros se alcanza el nivel donde, aletargada en el tiempo, reposa silenciosa y hermética la antigua ciudad de los apestados. Sus calles son ahora túneles y pasadizos sin ruido y sin luz natural. Hileras de bombillas enhebradas recorren los techos iluminando tenuemente restos de escaleras que no van a ninguna parte, ventanas tapiadas por las que ya nadie se asoma y puertas de madera bloqueadas que conservan cerraduras y mirillas oxidadas que olvidaron ya hace tiempo lo que es la brisa, el calor humano, el movimiento y la curiosidad.

El guía permite la entrada en algunas casas, donde todavía existen alacenas y fogones, despensas y chimeneas. Muchos visitantes aseguran ver personajes inquietantes en las habitaciones y seres que se pasean por los pasillos.

Una estudiante japonesa que visitó la ciudad de Mary King, describió a una niña con todo detalle. Dijo que estaba de pie al lado de una chimenea y que tendría unos catorce años. Vestía un traje sucio y raído y a su lado tenía a un perro pequeño y deslucido. Otro grupo también vio a la niña en esa misma habitación, sólo que esta vez tenía la cara marcada de viruela y entre sus brazos sostenía una muñeca muy usada. Hubo alguien que al final de la visita dio las gracias al guía recomendándole encarecidamente que hiciera extensivo su agradecimiento a «esa señora tan encantadora que les había acompañado a lo largo de todo el recorrido»...

También se dice que muchas de las fotos que se han tomado en los pasadizos de Mary King se han velado misteriosamente. En cualquier caso, pasearse por los corredores de la ciudad sellada es una experiencia inolvidable, mucho más por las tragedias que sugieren que por la pétrea, oscura y solitaria realidad que ofrece el laberinto de sus callejuelas.

Espectros cotidianos

Si partimos de la teoría que dice que las apariciones de espectros son más frecuentes en los lugares donde las emociones humanas han sido más intensas, es indudable que existen lugares vinculados con nuestro quehacer cotidiano que reúnen estas condiciones. Una estación de ferrocarril o un aeropuerto, o un puerto marítimo, son escenarios en los que, a diario, muchas personas vierten mil y un sentimientos. Cuando se está en ellos nadie es consciente, pero si se pudiera mirar con los ojos de un sensitivo, con la percepción extrasensorial que les caracteriza, se podrían descubrir muchas secuencias de las escenas que en ellos se desarrollaron.

Las cárceles, los antiguos cadalsos, las sedes ya casi olvidadas de la Inquisición, los sitios donde se han cometido crímenes, torturas o vejaciones, donde han ocurrido muertes violentas o traumáticas, todos ellos pueden ser fuente inagotable de representaciones escenográficas del gran teatro dramático del mundo.

Los hospitales no duermen nunca y entre sus muros funcionan sin descanso fuertes campos eléctricos y magnéticos. Siempre hay un ir y venir por los pasillos, y la tenue luz de los núcleos de vigilancia intensiva, empapados en emociones, propicia que el ambiente sea idóneo para los espectros. ¿Una ilusión óptica, un reflejo, un truco de luz, una sombra? ¿Cómo saber si las personas con las que nos cruzamos en una clínica son de carne y hueso o hemos sorprendido el paseo de un espectro?

Apariciones robóticas

A caballo entre los espectros, los fantasmas y las experiencias ufológicas, existen unas manifestaciones curiosas y extrañas que se han venido produciendo estos últimos años en varias regiones españolas, concretamente en Extremadura, Cantabria y Galicia.

Iker Jiménez ha recogido varios casos.[10] Se trata de unos personajes de gran estatura, delgados, con extremidades muy alargadas, cubiertos con vestiduras anchas y ondeantes. Se mueven sin hacer ruido, como si no rozaran el suelo al desplazarse, y algunos testigos afirman que se ven envueltos en luz azulada y que su andar recuerda a la artificialidad de un ingenio mecánico.

En 1982, en Vegas de Coria, un pueblo de la Alta Extremadura, no sólo se dejó ver un gigantón de éstos, sino que a los pocos días fueron tres de estos extraños seres los que pusieron en jaque a los lugareños de toda la comarca.

En Escalante, Cantabria, ya en 1976 varias personas habían podido observar de forma intermitente la presencia de figuras humanas de más de tres metros de altura, vestidas con ropajes negros y cascos relucientes. Se movían errantes, como perdidas por las calles de la ciudad, en horas nocturnas. Muchos de los observadores coincidieron en su afirmación de que no se podían identificar los rasgos de las caras y que las piernas de estos espectros sobrecogedores desaparecían a la altura de las rodillas, como si levitaran, aunque este detalle no parece que les impidiera moverse al ritmo de grandes zancadas.

Aquellos que han tenido la mala suerte de encontrarse cara a cara con estas apariciones terroríficas añaden que sobre el

---

[10] Iker Jiménez, revista *Enigmas*, noviembre 1996.

pecho llevan una especie de broche redondo y blanquecino y que su consistencia, lejos de parecer densa, se asemeja a una holografía.

Sus apariciones y desapariciones repentinas, el silencio con el que se mueven, su hieratismo en el comportamiento, la ausencia de rasgos faciales y su aspecto de realidad virtual, hacen de estos personajes gigantes un misterio por resolver. ¿Son alguna forma de espíritu errante? ¿Son manifestaciones extraterrestres?

Una vez más nos enfrentamos a un fenómeno que busca con impaciencia una hipótesis que pueda explicarlo.

Para el ser humano, la muerte es un acontecimiento tan evidente como el nacimiento o la puesta del sol, y el paso de la vida a la muerte y el nacimiento tienen mucho en común. Si a un bebé se le consultara, no cambiaría el bienestar conocido por la hipótesis de una mayor felicidad. En un momento dado, el bebé siente que le empujan, que le obligan a introducirse por un conducto estrecho que le presiona las sienes y la bóveda craneana. De repente, dolorido, es expulsado a un medio hostil. El aire entra en sus pulmones por primera vez proporcionándole una sensación extraña y angustiosa. Tiene frío, siente vértigo e inseguridad, la luz le ciega y los sonidos le ensordecen. Naturalmente, rompe a llorar. Claro que todavía no conoce el amor de su madre ni la belleza de una mariposa.

Cuando traspasamos el umbral del fallecimiento tiene lugar otro nacimiento, entramos en una vida diferente. La muerte no es el fin sino el amanecer de otra calidad de vida. Pero nadie nos consulta si queremos nacer o morir, las dos etapas fundamentales de nuestra vida nos sobresaltan y nos pillan desprevenidos. No olvidemos, sin embargo, que muchas comunicaciones nos aseguran que esa vida que a todos nos espera en el Más Allá es más rica e intensa que la que vivimos aquí.

Sabemos que el ser humano disfruta de una composición energética. Sabemos que de acuerdo con la ley de la conservación de la energía, ésta no puede crearse ni destruirse, sino que se transforma en otra diferente. ¿Podría ser esa nueva forma de existir lo que llamamos «fantasma»?

A veces, con cierta falta de respeto, los investigadores modernos llaman a los fantasmas «*dead guys*», es decir, tipos muertos. La palabra «fantasma» procede del griego y significa «visión quimérica». Para la parapsicología, un fantasma es una imagen o presencia de alguien que sobrevive a la muerte del cuerpo y se presenta ante nosotros.

El fantasma posee una personalidad activa e individual, es impredecible, espontáneo e interactivo, y su comportamiento indica que es una entidad consciente e inteligente. Esta entidad puede ser humana o animal, pero siempre ha muerto.

El mundo esotérico cree que los fantasmas son aquellas personas que, después de muertas, no han sabido o querido ascender a otras dimensiones y se quedan atrapados por algún tiempo en nuestro nivel de existencia. Se quedarían en eso que muchos investigadores llaman «zona de nadie» o «interfase», bloqueados en esa situación. Son los fallecidos que no se han ido del todo.

¡Dejadme ir! Tengo muchas cosas que hacer

Los espiritualistas nos recomiendan que no lloremos en exceso a nuestros difuntos, que no les reclamemos mentalmente, que no les angustiemos con nuestros problemas. Nuestras lágrimas y nuestro dolor les retienen afectivamente y retrasan su proceso natural de evolución. «Continuaré ligado a la tierra, retenido por vuestras lágrimas, y no podré elevarme alto», dice una comunicación.[11]

Nuestro afán por su presencia les impide desprenderse de nuestra realidad. Con esta actitud egoísta les estamos privando de lo mejor: la incorporación plena a esas dimensiones donde tienen que seguir desarrollándose espiritualmente. Muchas de las manifestaciones fantasmales que se conocen están provocadas por la necesidad de comunicar a sus seres queridos del Más Acá: «¡Dejadme ir!». Vuelven para decirnos que están bien y que no debemos llorar su ausencia porque nuestras penas y lágrimas no les ayudan a desprenderse del mundo material. Algunos parientes no dejan tranquilos a sus muertos. Se obsesionan con sesiones espiritistas con el fin de saber de ellos.

Se conoce el caso de Sandra, un ama de casa de Ohio, Estados Unidos, que a la muerte de su padre trató desesperadamente de contactar con él.[12] A través de un médium, el padre se puso al habla con ella: «Quiero a tu madre y te quiero a ti, pero ya es hora de que sigáis con vuestras vidas. Soy feliz donde estoy. No me retengáis. Dejadme ir, tengo muchas cosas que hacer. Esto es maravilloso. Dile a tu madre que ya la veré cuando ella llegue aquí».

Ataduras terrenales

Existe también otra causa de estancamiento en nuestro camino hacia la luz, y es no haber sido perdonados antes de par-

---

[11] Paola Giovetti, *El mensaje de la esperanza*, Tikal, Madrid, 1996, p. 67.

[12] Bill y Judy Guggenheim, *Hello from Heaven!*, Bantam Books, Nueva York, 1996, p. 118.

tir: «Cuando dejamos en la tierra personas que no nos perdonan, no podemos elevarnos».[13]

Todas las culturas han creído en este estado fantasmal y a través de rituales han utilizado técnicas variadas para que no «molesten». Unas veces tratan de asustarles para que se vayan; otras, les guían para que encuentren la Luz y el Camino; otras, a través de recomendaciones —los libros egipcio y tibetano de los muertos, o la Recomendación del Alma—, dirigen al difunto para que, eludiendo situaciones peligrosas, pueda arribar a buen puerto. En Indonesia, por ejemplo, es costumbre que durante los entierros se pasee sin descanso al muerto por todas las callejuelas. De este modo creen que el fallecido no encontrará el camino de vuelta a casa...

Algunas personas, en su afán por no verse relegadas totalmente de los vivos a la hora de su muerte y por perpetuar el mundo terrenal de las sensaciones, otorgan una gran importancia al lugar en donde van a descansar sus restos. Hubo quien se hizo enterrar de pie a la puerta de su casa, para seguir vigilando la entrada, y una persona pidió que le dieran sepultura a la orilla del río, para seguir observando los barcos navegar por sus aguas tranquilas.

Los primeros pasos no son fáciles

Es evidente que los primeros pasos en el Más Allá no son fáciles para todo el mundo. Pueden ser difíciles para aquellos que no esperaban nada, porque la sorpresa de la supervivencia puede paralizar momentáneamente su progreso en esos ni-

---

[13] Pierre Zimmer, *Dialogue avec mes parents disparus*, Filipacchi, París, 1997, p. 93.

veles nuevos de existencia. Aquellos que no han tenido información sobre las pautas del tránsito quedarán desconcertados: lo que les sucede no se ajusta a las enseñanzas recibidas sobre la muerte. Por último, aquellos que han sufrido una muerte rápida e inesperada van a encontrarse en una situación para la que no tienen una explicación coherente. Pueden no tener conciencia de su muerte física y creerán que están viviendo un sueño o una pesadilla de la que no pueden despertar. Siguen percibiendo nuestro mundo y se sorprenden, al seguir a sus familiares, de ser ellos mismos los protagonistas de su funeral. Esta situación ha dado pie a muchos guiones cinematográficos y creaciones literarias en las que el fallecido permanece junto a nosotros para descubrir a su asesino o sencillamente por curiosidad, para comprobar los acontecimientos que van a desarrollarse tras su desaparición.

No es tan extraño, pues, que algunos espíritus puedan quedarse cerca de nosotros, porque están excesivamente apegados a su dinero, a sus posesiones materiales, al poder o a sus afectos. La muerte no nos hace perfectos. Llegamos al Más Allá con nuestro nivel de desarrollo espiritual e intelectual, con nuestros recuerdos y con los rasgos esenciales de nuestra personalidad. Y es en este mundo del Más Allá donde encontraremos la razón de ser de los fantasmas.

Su apariencia es importante

Parece ser importante el aspecto con el que los fantasmas se aparecen, no sólo el de su edad cronológica, sino también el de su atuendo, adornos o peinados. Es como si pudieran escoger su indumentaria, como si con ello quisieran añadir a su siempre sorprendente presencia un ingrediente más de información. El abuelo quizá se nos presentará con el viejo jersey que tanto le gustaba, otros lo harán vestidos con su mejores galas, con uniforme militar o con el traje que utilizaban en su profesión. En cualquier caso, esta apariencia siempre tendrá una importancia simbólica para el espectador. Las comunicaciones nos cuentan que, al llegar a esa otra calidad de vida que tenemos allí, nuestros sentidos se verán ampliados y nuestra mente tendrá capacidad creadora.

¿Cómo les sentimos?

Es muy frecuente sentir la presencia de un ser querido fallecido. Se dice que cada uno de nosotros tiene un tipo de energía personal y único, como las huellas dactilares. Los que perciben estas presencias aseguran poder determinar quién es y cuándo esa energía viene y se va.

También es posible oír su voz a través de los oídos, del mismo modo que oímos a las personas vivas que nos hablan, aunque la casuística recogida nos indica que es más frecuente oír la voz interiorizada, como si se tratara de un mensaje telepático.

Asimismo, el tacto es otro de los sentidos susceptible de recibir información. Puede ser una caricia suave, un beso que apenas roza la piel, un abrazo envolvente o un apretón de manos.

La finalidad de estas manifestaciones es proporcionar cariño y valor a los que quedan, a los que sufren su pérdida. Muchos familiares confiesan haber olido el perfume, la loción o el tabaco de la persona recién fallecida, también el aroma de sus flores favoritas. Estas experiencias son impactantes, pero nada es comparable al contacto visual, es decir, a la posibilidad de ver fantasmas.

Los fantasmas suelen hacerse visibles en nuestra realidad de una forma repentina, y su manifestación suele ser completa, aunque existen muchos testimonios que describen a la figura fantasmal sólo de medio cuerpo hacia arriba. Se habla de que ese Más Allá es una dimensión que no existe lejos de nosotros, y que estaría tan solo a 90 centímetros por encima de la nuestra. No somos capaces de percibirla porque nuestros sentidos no están preparados para captar su composición, que tiene una vibración más alta. Quizá esta posibilidad podría justificar el hecho de que también muchas veces se ve a los fantasmas sin pies.

Es infrecuente un proceso paulatino de configuración. Normalmente algo llama la atención del observador, y ahí está. Otras veces serán un sonido, una sensación de frío o un silencio denso y anormal los que nos alertarán de su presencia.

Algunos testimonios podrían hacer creer que la visión de un fantasma es una experiencia desagradable, pero la mayoría de las veces, la negatividad radica en la interpretación, en la preparación emocional, cultural y hasta filosófica del testigo. La falta de información adecuada o un ataque de histeria pueden convertir una visión maravillosa en un sobresalto terrorífico.

Sabemos que los fantasmas se presentan ante nosotros sin avisar. Siempre son ellos los que llevan la iniciativa. A veces nos dicen que han obtenido permiso para venir. Su presencia tiene poco que ver con el mundo de nuestras creencias.

Podríamos decir que los fantasmas son personas como nosotros. No utilizan ni sábanas blancas ni cadenas. Pueden presentar el reborde de la figura algo neblinoso, como fuera de foco, pero pueden llegar a ser tan perfectos que no nos demos cuenta de que estamos ante un fantasma hasta que se desvanece ante nuestros ojos.

La dama de los pendientes

Una jovencita de Madrid se trasladó a un pueblo de Salamanca para pasar el fin de semana con sus tíos, propietarios de una joyería.[14] Para no quedarse en casa, el sábado por la mañana se fue con su prima al establecimiento.

A primera hora de la mañana, y cuando estaban los dos chicas ordenando los mostradores, entró en la tienda una anciana, apoyada en un bastón, elegantemente vestida, con el cabello canoso y el rostro surcado de arrugas finas. Dirigiéndose a ellas, preguntó si estaban ya arreglados sus pendientes. Dio correctamente el apellido, describió la joya con todo detalle y justificó la ausencia del resguardo por un olvido propio de su avanzada edad. Le informaron de que todavía no estaban listos y la anciana quedó en volver.

Aproximadamente una hora después, entraron dos mujeres en la joyería preguntando por los mismos pendientes y presentando el correspondiente resguardo. Las dos chicas les explicaron que ya habían advertido a la otra señora de que todavía no estaban arreglados.

Como insistían en que nadie excepto ellas podía recoger los pendientes, las primas describieron a la anciana con todo detalle, nombre incluido. Estos datos provocaron espanto y sofoco a las dos señoras, porque la descripción de la mujer del bastón coincidía con la hermana de una de ellas, fallecida un mes antes y propietaria de los famosos pendientes. En el reparto de la herencia, los pendientes de la anciana le habían sido entregados a ella, y por alguna razón el fantasma no quería que su hermana se quedara con ellos. Pero la gran pregun-

---

[14] Caso del programa *La hora bruja*, junio 1993.

ta es: ¿para qué quería la viejecita los pendientes en el Más Allá? ¿Qué relación especial había existido entre las dos hermanas para que la muerta conservara su rechazo aun después de su fallecimiento?

Caso Triana

Un grupo de hermanos dispersos por el mundo por razones de trabajo o matrimonio se reúne en Madrid para determinar el futuro de la casa de los padres, recién fallecidos. Una de las hijas reside en la casa durante esos días.

Una noche sale a cenar con unos amigos y al volver se sorprende porque oye murmullos de conversación en el piso de arriba. Sube la escalera y en el rellano superior ve a dos personas hablando: una es su padre y la otra un hermano, los dos fallecidos. En un momento determinado, los dos se vuelven, sorprendidos, hacia ella, y ésta les oye decir: «¡Ahí va! ¡Nos ha visto! Volveremos otro día!».[15]

El cementerio de San Miguel

En los fantasmas no hay huellas de enfermedad, ni de traumatismos o deformaciones que pudieran haber sufrido en esta vida. La mayoría, por el contrario, muestran un aspecto radiante y feliz, e incluso sonríen.

Santiago y Juan eran dos amigos que acudieron al cementerio malagueño de San Miguel para enterrar a un vecino. Mien-

---

[15] Caso Grupo Hepta, 1990.

tras paseaban se cruzaron con un hombre de edad avanzada, vestido con un traje marrón y acompañado por un perrillo blanco que trotaba a su lado. Su figura despedía una luminosidad blanca, opaca, como fluorescente. Los dos jóvenes se pararon, sorprendidos. El anciano, sonriéndoles con dulzura, les saludó con una inclinación de cabeza. Fue en ese mismo instante cuando el perro y él se desvanecieron en el aire.

Muy cerca de allí, en el mismo cementerio, otra familia pasaba por el mismo trance doloroso. Al finalizar la ceremonia y a la salida del recinto, los asistentes de los dos entierros se intercambiaron pésames y comentarios. Santiago y Juan se enteraron de quién era el otro difunto. Se quedaron perplejos. Se trataba de don Julián, un anciano del barrio, pero de quien ellos no se acordaban porque vivía a varias manzanas de sus viviendas. Alguien contó los detalles de su muerte: un coche atropelló a don Julián después de que éste cruzara la calle sin mirar mientras paseaba a *Musy*, su caniche blanco.[16]

Debido a los antecedentes de apariciones fantasmales en este cementerio y con motivo de unas jornadas de parapsicología que tuvieron lugar en Málaga, en Rincón de la Victoria, en 1998, el Grupo Hepta dedicó unas horas a visitarlo para contactar con el hermano José. El hermano José pertenece a una orden cuya razón de existir es cuidar de los cementerios y enterrar a los muertos. El cementerio de San Miguel está ya cerrado para «clientes nuevos», pero el cuidado del recinto y del «buen aspecto» de los veteranos corre a cargo de este hombre. Vive allí mismo, en una casita blanca adosada a la iglesia.

---

[16] Viaje Grupo Hepta, 1998.

El hermano José nos mostró la tumba donde está enterrado un niño rubio que murió con año y medio. El nicho ha sido decorado por los visitantes con pequeños juguetes y golosinas. Muchas personas aseguran oírle llorar y fabulan con la «misteriosa» desaparición de las golosinas, olvidando que hay muchos gatos sueltos por el lugar.

Cuando el hermano José nos hace entrar en el panteón de una ilustre familia se emociona y se altera mientras va desgranando sus aventuras nocturnas. Con motivo de unas obras que se realizaron en el mausoleo, y para evitar el pillaje, durmió varias noches en el suelo, sobre un jergón. A la entrada del monumento hay una rejilla que da acceso a la cripta que la familia cedió a una orden religiosa para sus entierros. Con gran sentido del humor, el hermano nos contó cómo los enterrados en la cripta no le dejaron dormir con sus ruidos y lamentos y cómo varias manos esqueléticas se aferraron a la rejilla intentando abrirla para salir al exterior.

Si la historia del niño está llena de ternura y la de la cripta inspira terror, la siguiente es una historia de triángulo amoroso.

Siempre de la mano del hermano José, llegamos a una confluencia de avenidas donde se hallan tres enterramientos muy curiosos. Dos están en paralelo y pertenecen a un matrimonio.

Primero murió el marido, hombre problemático y poco cariñoso. La viuda se reservó un lugar a su lado. Sin embargo, la vida da muchas vueltas y he aquí que la viuda y el hombre de confianza del difunto, el administrador de sus bienes, se enamoraron. Las costumbres de la época impidieron que dos personas libres pero de niveles sociales diferentes se pudieran casar. Él permaneció fiel a su lado hasta su último momento, pero murió antes que ella. Cuando la dama presintió que se aproximaba su final, dispuso en el cementerio un lugar privilegiado para que fuera enterrado cerca de ella. La tumba de su amado no podía estar en paralelo a la suya porque hasta en la muerte había que conservar las formas, pero ella se las ingenió para situarle en un ángulo, en posición oblicua, aprovechando el terreno de la propiedad familiar. Ella vivió hasta los noventa y tantos años, y así, con esta estrategia, pudo visitar cuando quiso la tumba de su verdadero amor sin que por ello suscitara maledicencias.

John Wayne cabalga de nuevo

Los fantasmas son tridimensionales, puesto que varias personas pueden verlos desde distintos ángulos y suelen obedecer a las leyes de la perspectiva. Se reflejan en los espejos y producen sonidos sincronizados con sus movimientos.

John Wayne ya se ha aparecido varias veces.[17] El actor tenía un barco, el *Wild Goose*, gemelo del *Calypso* de Jacques Cousteau. John Wayne adoraba su barco, y cuando supo que iba a morir, decidió buscar cuidadosamente al futuro propietario. Un mes antes de fallecer, la embarcación pasó a manos del abogado Lynn Hutchins, gran amigo de Wayne.

Cuatro meses después de morir el actor, empezaron los fenómenos en el barco. En una ocasión, el abogado se despertó sobresaltado en mitad de la noche para observar una gran figura en la pasarela que unía el barco al muelle. Otra, vio claramente a John Wayne en el dintel de comunicación entre el dormitorio y el cuarto de baño. Un atardecer que el abogado estaba leyendo en el salón, sintió una presencia y, al levantar la vista

---

[17] *The Ghostly Register*, ob. cit., p. 36.

del libro, se vio a sí mismo reflejado en el espejo que tenía enfrente, pero a su lado también vio a John Wayne, que le sonreía. Cuando el fantasma del actor desapareció, las botellas y copas del bar se agitaron en un estremecimiento de cristal. Requerida por el abogado, fue Pat Haynes la médium que intervino para aclarar el porqué de la presencia de John Wayne en el barco. «Vuelvo cuando tengo un rato libre», dijo el actor a la sensitiva.

Ernie y el suicidio

No todos los fantasmas provocan miedo con su presencia. Pueden ser inofensivos y ser tratados como uno más de la familia. Éste fue el caso de Ernie, el farero de Connecticut.[18]

Ernie se suicidó al comprobar el engaño y posterior abandono de su mujer. Estuvo apareciéndose en el faro hasta 1981 y sus compañeros se acostumbraron a verle durante las guardias interminables, acompañándoles, vestido como ellos, con un chubasquero amarillo. Según los psíquicos, Ernie disfrutaba estando junto a ellos, compartiendo con sus compañeros la tarea de vigilancia. Ahora que ya no está, los fareros le echan de menos.

El fantasma de Ernie no estaba apesadumbrado por haberse suicidado, pero podríamos decir que este caso es la excepción de la regla fantasmal, porque el suicidio es una de las obsesiones que tienen los que han muerto por esta causa.

Cuando regresan nos dicen que no se puede desperdiciar el regalo de la vida, que existe una responsabilidad ineludible en la aceptación de los problemas que la jalonan y en el esfuerzo por superarlos. Uno no escapa al sufrimiento poniendo fin a

---

[18] *The Ghostly Register*, ob. cit., p. 63.

su vida. Los reencarnacionistas creen que los suicidas se reencarnan en una vida futura con los mismos problemas que les arrastraron al suicidio. Poner fin a la propia vida representa retrasar los problemas y crear otros nuevos. El suicidio sólo es aceptable cuando la motivación es un ideal superior, como dar la vida por alguien.

No es, por lo tanto, la opción más idónea, ya que, al parecer, una vez en el Más Allá, tendremos que afrontar las dificultades, quizá de una manera diferente, pero siempre como una asignatura pendiente que tendremos que aprobar. Una y otra vez, los fantasmas vienen a nosotros con este mensaje.

La monja del hospital

Parece como si algunos fantasmas pudieran escoger misiones de tutela y protección hacia los que todavía permanecemos aquí.

Colin Parsons es un periodista y escritor británico interesado por la investigación de los fenómenos paranormales. Cuenta que en un hospital cercano a Londres, cuando se produce una emergencia, no se sabe cómo ni de dónde aparece la hermana Angela para confortar a los heridos.[19] Tiene apariencia sólida y su hábito, aunque es de religiosa, no parece pertenecer a ninguna orden conocida. Se ha hecho tan famosa que cuando a la plantilla del hospital se incorpora personal nuevo, se le advierte de la existencia de este fantasma tan peculiar. Los pacientes hablan maravillas de sor Angela, de sus atenciones, de su consuelo y de la paz que les transmite.

---

[19] Colin Parsons, *Encuentros con lo desconocido*, Vergara, Buenos Aires, 1993, p. 31.

A través de las comunicaciones que llegan a los sensitivos, parece que en el Más Allá todos están muy ocupados. Se puede continuar aprendiendo y evolucionando para conseguir el aprobado de todas las asignaturas pendientes que llevamos con nosotros. Una de las tareas que sin duda podrá realizarse es la de ayudar a nuestros semejantes que aún continúan viviendo en este plano de existencia.

El ángel de Dave

Aunque sean más frecuentes los casos en los que el fantasma acude para ayudar a un pariente, también puede aparecer en nuestra vida como un ángel guardián, como alguien que nos protege, consuela y acompaña en los momentos difíciles. Harold Sherman, en su obra *The Dead Are Alive*, cuenta la historia de Dave Saafeld.[20]

Eran los años de la Segunda Guerra Mundial cuando al piloto Dave Saafeld se le asignó la misión de bombardear Berlín. Sobrevolaba la ciudad cuando unos minutos antes de llegar al blanco y con las puertas del depósito de las bombas abierto, oyó una voz perfectamente clara que le dijo: «¡Levántate!».

Dave se quitó el casco pensando que la voz le llegaba a través del interfono, pero pronto comprobó que no era así. La voz se volvió impaciente, y Dave dijo al copiloto que tomara los mandos y salió fuera de la cabina. Apenas lo había hecho cuando un impacto destrozó su asiento y el panel de mandos.

---

[20] Harold Sherman, *The Dead Are Alive*, Ballantine Books, Nueva York, 1981, pp. 108-113.

Aunque muy grave, Dave salvó la vida y fue evacuado a Wyndom, Inglaterra. Al recobrar el sentido se encontró en la sala de un hospital. Eran las dos de la madrugada. El dolor se hacía insoportable y sólo pensaba en que una enfermera le administrara un calmante. La habitación estaba en silencio y a su lado dormitaba otro paciente en la penumbra. En ese momento Dave vio entrar por la puerta a un médico con bata blanca. Tenía bigote y pelo entrecano. Se sentó junto a su cama y le dijo: «Dave, yo diría que no estabas en el lugar más adecuado».

Cuando Dave le pidió un calmante, el doctor le tranquilizó diciéndole que no sería necesario porque el dolor iba a desaparecer enseguida. Durante cinco minutos el médico conversó con Dave acerca de cuestiones intrascendentes. Luego, levantándose, se despidió con estas palabras: «Ahora me tengo que ir, Dave. Soy el doctor Moreau. No te preocupes, pronto volarás de nuevo y superarás la guerra sin ningún otro percance».

Al poco rato de haberse ido el doctor Moreau, una enfermera entró en la habitación. Dave se encontraba ya mejor, no sentía dolor y un calor reconfortante le recorría el organismo. Al comentar a la enfermera la visita del doctor y su amabilidad, ésta se sorprendió mucho porque en el hospital no tenían a ningún médico con ese nombre y además —añadió— «yo soy la única persona que está de guardia esta noche».

Pero lo más sorprendente de esta historia es que no termina aquí, sino que continúa después de un paréntesis de treinta y seis años.

Un día Dave se encontraba en casa de una amiga en una sesión con una médium. De repente, ésta, dirigiéndose a Dave, le dijo: «Alguien que está aquí quiere hablar contigo». Al preguntar Dave por la identidad del comunicante, la voz prestada de la médium contestó: «Seguro que te acuerdas de mí. Soy el doctor Moreau. Ya te dije que superarías la guerra sin más contratiempos».

El fantasma del vuelo 401

Existe un motivo importante que mueve a una persona fallecida a volver a nuestro Más Acá: la sensación de que ha dejado algo inacabado, que por el bien de los demás no puede desprenderse del todo de sus responsabilidades terrenales. Éste sería el caso de los pilotos que se estrellaron en el vuelo 401.[21]

Muchos investigadores y sensitivos creen que algunas personas se quedan en sus lugares de trabajo durante algún tiempo después de su muerte. El ejemplo que mejor puede ilustrar esta característica fantasmal es, sin lugar a dudas, el caso del vuelo 401, o mejor dicho, el caso de los fantasmas del vuelo 401, porque entre fantasmas estamos y este caso, extractado del libro de John G. Fuller, además de ser conocido mundialmente, se ajusta a la perfección al sobresalto, la intriga y el escalofrío.

La acción transcurre en el año 1972, el 29 de diciembre, en vísperas del año nuevo y en un vuelo de la Eastern Air Lines que cubría el trayecto Nueva York-Miami. El número de vuelo era el 401, el piloto se llamaba Loft; el segundo, Stockstill, y Da Repo era el ingeniero de vuelo.

Durante la maniobra de aproximación al aeropuerto de Miami, una luz roja se encendió en el salpicadero advirtiendo de la existencia de una anomalía en la rueda delantera del avión. La tripulación ha escuchado el sonido que hace la rueda

---

[21] John G. Fuller, *El fantasma del vuelo 401*, Vergara, Buenos Aires, 1979.

al salir, pero, naturalmente, tienen que comprobarlo antes de continuar. En este modelo de avión, la única forma de hacerlo es bajar a una especie de tronera que tiene el aparato en su panza y a la que todos llaman familiarmente «el foso del infierno». Mientras Da Repo se desliza por ella, el comandante permanece a la espera volando en círculo, a seiscientos metros de altitud y con el piloto automático.

La tripulación desconoce que este piloto automático puede desconectarse con un simple golpe en los mandos, y también que si esto sucede, la desconexión sólo queda reflejada en el panel de uno de los pilotos. A lo largo de las comprobaciones que todos hacen para confirmar la salida de la rueda, este golpecillo se produce y, sin que nadie se dé cuenta, el vuelo 401 empieza a perder altura.

No existe aviso óptico de esta pérdida, sólo un zumbido que nadie oye por el cruce de conversaciones que mantienen.

Cuando el controlador de Miami advierte que el vuelo 401 está a doscientos setenta metros de altitud, pregunta si todo va bien. La tripulación, que confía en el funcionamiento del piloto automático y cree estar a seiscientos metros, responde a la torre de control que todo marcha perfectamente.

La luz roja defectuosa que avisa cuando no tenía nada de qué avisar; la oscuridad anormal del «foso del infierno», que hace difícil la comprobación visual de la salida de la rueda; la desconexión accidental del piloto automático; el método de alerta, poco eficaz, de la pérdida de altura; el hecho de que sólo quedase reflejada la desconexión en uno de los paneles; en fin, este cúmulo de acontecimientos provocaron que el avión se estrellase en los Everglades, una región pantanosa de Florida. En el accidente murieron los dos pilotos y Da Repo quedó atrapado en «el foso del infierno».

Da Repo reaparece

Tres meses después del accidente empiezan a ocurrir fenómenos extraños en otro avión de la Eastern Air Lines, un modelo idéntico al siniestrado que realizaba la misma ruta que el 401. En la panza del avión existen unos hornos de acero inoxidable que permiten calentar doscientas comidas. La cocina es un lugar tranquilo. Dos ascensores la conectan con el piso superior y mientras una azafata se queda abajo, otra se encarga de recoger los carritos llenos de bandejas calientes.

Al principio los fenómenos fueron sutiles: solamente sensaciones de presencias y descensos inexplicables de la temperatura ambiente. Sin embargo, los acontecimientos extraños se precipitaron inesperadamente.

Una de las veces en que Ginny, una de las azafatas, esperaba las bandejas, comprobó que algo parecido a una nube se formaba frente a la pared. La cocina estaba muy bien iluminada y no tuvo dificultad para observar el fenómeno. No era condensación, ni vapor, ni humo. La nube se fue concentrando en forma de pelota de fútbol, adquiriendo una consistencia cada vez más sólida y nítida. Era la cabeza de un hombre con cabello oscuro, las sienes blancas y gafas de montura metálica. Era una imagen tridimensional y se trataba, sin lugar a dudas, del ingeniero Da Repo, fallecido en el accidente.

Lo curioso es que Da Repo parecía tener debilidad por esta cocina porque su cara volvió a aparecer, esta segunda vez en la puerta del horno y ante varios testigos, ya que la azafata llamó al resto de la tripulación y todos pudieron observar el fenómeno y escuchar cómo el fantasma les advertía de que tuvieran cuidado con el fuego. Al poco tiempo de la advertencia y a dos mil quinientos metros de altitud, despegando de la ciudad de México, se incendió uno de los motores del aparato.

Atención: ¡un pasajero de más!

Los fenómenos insólitos siguieron produciéndose en este avión. En un vuelo rutinario, instantes antes del despegue, las puertas de la aeronave se cerraron y los motores se pusieron en funcionamiento. Todo iba bien; sólo la azafata parecía tener un problema: en el recuento de pasajeros advirtió que sobraba uno. Era un piloto de la compañía que estaba sentado de uniforme en un asiento de primera clase. En un primer momento, la azafata pensó que se trataba de uno de esos casos en que un piloto que se ve obligado a viajar en un vuelo para hacerse cargo de una aeronave en el aeropuerto de destino. Todas las líneas aéreas tienen prevista esta contingencia y para ellos existe un asiento abatible especial. Se acercó al piloto y le rogó que se cambiara de sitio. Como éste no contestó a su sugerencia, la auxiliar de vuelo llamó a una compañera para pedirle asesoramiento. Los intentos de ambas resultaron inútiles, y acudieron a la cabina para pedir instrucciones a sus superiores. El comandante de vuelo dejó su puesto y, al acercarse a su compañero, se quedó tan mudo como él. Reconoció de inmediato a Bob Loft, fallecido en el vuelo 401. En ese mismo momento y a la vista de todos, el piloto fantasma desapareció.

No es ésta la única aparición registrada de Loft. En otra ocasión, el vicepresidente de la Eastern Air Lines, que por su condición de VIP fue uno de los primeros en subir al avión, le vio sentado en uno de los asientos.

El caso más espectacular lo protagonizó una mujer que, cuando todavía el avión rodaba por la pista, llamó a la azafata para pedirle que se ocupara de la salud del piloto que tenía sentado a su lado y que parecía no encontrarse demasiado bien. El oficial no era otro que Da Repo, quien desapareció bruscamente ante la mirada de todos los pasajeros de primera.

Ni que decir tiene que su vecina de asiento tuvo que ser asistida en los servicios médicos del aeropuerto.

En varias de sus manifestaciones, los pilotos fantasmas aseguraron: «Nunca habrá otro accidente en este modelo de avión. No dejaremos que eso suceda».

Parece que ese deseo de protección hacia los vivos es más frecuente de lo que creemos. Algunas comunicaciones recogen la figura del «espíritu guía», de «entidad protectora», y nos cuentan que a muchos fallecidos se les asigna la tarea de tutelar y ayudar a los que todavía permanecemos aquí.

Los pesares de un abad

El antropólogo e investigador francés Robert Tocquet recoge en su libro *Médiums y fantasmas*[22] un caso en el que él mismo tuvo la oportunidad de intervenir e investigar. Se trata de la aparición de un monje en una mansión del siglo XVIII llamada Le Prieuré.

Le Prieuré era un convento cuya comunidad fue expropiada tras la Revolución francesa. La dueña actual, que permanece en el anonimato en la narración detallada de Tocquet, así como sus dos hijos, tuvo varias experiencias con el fantasma de un monje en los años cincuenta, concretamente desde 1955 hasta 1960.

La familia se instaló en el edificio el 6 de julio de 1955 y al cuarto día la señora vio por primera vez al fantasma en la habitación que ella había habilitado como su dormitorio y que resultó ser el del prior de la antigua comunidad: «Vi deslizarse en mi dormitorio una sombra nebulosa, opaca, detrás de la

---

[22] Robert Tocquet, *Médiums y fantasmas*, Plaza & Janés, Barcelona, 1976, p. 181.

cual parecía existir como una luz —contó la dueña de Le Prieuré a Tocquet—. Esta sombra llevaba una especie de túnica con una esclavina y la cabeza cubierta con una capucha. La sombra avanzó lentamente hacia mí».

La dueña de la mansión se sentó en la cama, ya que el terror la mantenía paralizada, sin poder articular palabra. La sombra, entonces, avanzó hasta situarse delante de la chimenea y allí se arrodilló, entre sollozos. Después de permanecer durante largo rato en esta posición, el fantasma se levantó y desapareció atravesando la puerta cerrada que daba al gabinete.

A pesar de que la llegada del amanecer le hizo pensar que todo había sido una pesadilla, la mujer pronto tuvo que enfrentarse con la realidad del fenómeno, porque el personaje del anciano monje volvió varias noches más para repetir exactamente los movimientos de la primera.

Ya más acostumbrada a la escena, la señora decidió hablarle. El monje, entonces, se levantó y, sin dar ninguna importancia a la insólita situación, se acercó a ella para increparla.

—¿Qué haces tú aquí? Nadie tiene derecho a alterar la quietud de esta casa, que ha sido hecha por religiosos, para religiosos y para servir a la mayor gloria de Dios.

Ella, controlando su miedo y empapada en sudor frío, se atrevió a preguntar:

—Y usted, padre, ¿por qué está aquí?

El fantasma del monje dejó a un lado su arrogancia, se encogió de hombros y respondió con voz entrecortada:

—Hace siglos que rezo aquí, hija mía, y seguiré rezando para borrar mis pecados, para hacer olvidar los sufrimientos de los que soy responsable y los crímenes que he consentido que se cometan en nombre de Dios y de la religión. Sufro mucho —continuó diciendo el religioso entre sollozos—, los hombres quieren ser superiores a Dios y se precipitan hacia los abismos. Por cierto, ¿has dado de beber al prisionero?

La señora se quedó atónita ante la pregunta del monje.

—¿A qué prisionero se refiere? —intentó averiguar.

—¿A cuál va a ser, hija? Al que está en el calabozo, al lado del refectorio —contestó el abad.

Y, acto seguido, el prior le contó la historia de un hombre que había muerto de sed, hambre y frío en aquel calabozo, y de su propia cobardía y remordimientos por haber permitido ese martirio.

Uno más de la familia

Durante más de diez noches consecutivas, el fantasma del monje siguió apareciéndose. Descubrió que, efectivamente, existía un pequeño escondite que parecía haber sido un calabozo, y la dueña no tuvo más remedio que comunicar a sus dos hijos lo que estaba ocurriendo.

A partir de ese momento empezaron a oírse ruidos tremendos en las paredes del edificio, los perros vivían en continuo sobresalto y los hijos se trasladaron a un dormitorio contiguo al de su madre. Ellos también comenzaron a ver al fantasma en la gran escalinata que arrancaba desde el vestíbulo de entrada y en el lugar habitual, en el dormitorio principal delante de la chimenea. Una noche se estableció una comunicación fluida entre el fantasma y la familia, con una conversación sobre libros y pergaminos antiguos. Ninguno de ellos podrá olvidar la escena.

Los hijos de la dueña de Le Prieuré se dedicaron a registrar minuciosamente dormitorios, paredes, armarios, la capilla y todo lo que pudiera ocultar un micrófono o cualquier otro artilugio susceptible de crear sonidos y figuras fantasmales. Todo fue inútil. El fantasma del monje siguió apareciéndose todavía varias veces, incluso a plena luz del día. Uno de los hermanos llegó incluso a fotografiarlo: «Parecía un vapor espeso de color gris claro», dijo.

Por consejo de Tocquet, una de las veces que la propietaria se lo encontró en el rellano de la escalera, extendió las manos y atravesó con ellas al prior a la altura de la cintura. Sintió una pequeña descarga y el impacto frío fue violentísimo. Casi inmediatamente, sus manos empezaron a hincharse con un dolor intenso, como si de quemaduras se tratara. El fantasma estaba formado por una especie de vapor glacial ligeramente viscoso. Parecía estar constituido de nieve carbónica.

Un domingo de marzo de 1960 se produjo la última aparición del prior. Estaba en la parte alta de la escalera. Levantando unos brazos sin manos, imploraba: «¡Señor! ¡Líbrame de esta condena». A la pregunta de cómo podían ayudarle, el prior explicó: «Morí sin el auxilio de la religión. Los soldados me mataron aquí, a pocos pasos de donde estamos ahora. Me cortaron las manos y me enterraron con otros religiosos entre la iglesia y los edificios. Rezad por mí». Desde ese día no se le volvió a ver.

Los hechos parecen evidenciar que los fantasmas pueden quedarse vinculados a nuestro nivel de existencia por afectos, por deseos de cumplir una misión ineludible, por remordimientos y sentimientos de culpabilidad y también porque, a veces, se creen todavía con derechos sobre sus antiguas propiedades materiales.

Cosas de abuelos

En el otro lado se está al tanto de lo que ocurre aquí y se conserva el interés por nuestras vidas. Se siente curiosidad por conocer a las generaciones posteriores y se sabe que, a menudo, los padres de nuestros padres pueden quedar muy apegados a nuestra descendencia. Cuando la muerte separa a un abuelo de la tercera generación, el deseo de conocerla y hacerle una visita puede llegar a convertirse en una obsesión dulcísima, una obsesión de amor fantasmal.

Unas veces se verán como luces flotando alrededor de la cuna, otras como una neblina luminosa, pero lo más probable es que el abuelo o la abuela serán perfectamente identificables. Respecto a estos apegos, existen preciosos testimonios de verdadero amor en el libro *Hello From Heaven!* [23]

Una mujer había fallecido a los 52 años sin conocer a su nieta. Cinco semanas después de su muerte, se apareció a su hija: irradiaba luz, su figura era semitransparente y se desplazaba sin rozar el suelo, a unos diez centímetros sobre él. La hija confesó más tarde que nunca había visto a su madre tan hermosa, y sin ninguna de las lacras de su enfermedad. La abuela, sonriendo, se inclinó sobre la cuna y, observando al bebé, le dijo a su hija: «Vengo a despedirme de vosotros y a conocer a mi nieta. ¡Os quiero tanto...!».

Es especialmente dramático el caso de Margot, quien había perdido a su bebé a las pocas horas de nacer. Su desconsuelo no tenía límites. Un mes después de la tragedia, su suegra, fallecida, se le apareció con un bebé en brazos para decirle: «No te preocupes, yo lo cuidaré hasta que tú llegues aquí».

Otro caso recogido es el de una madre, M. A., de Málaga, que estaba velando una noche a uno de sus hijos, enfermo. [24]

---

[23] *Hello from Heaven!*, ob. cit., pp. 78-79 y 140.

[24] Caso del programa *La hora bruja*, enero 1993.

En la penumbra de la habitación, vigilaba la respiración y la temperatura del pequeño. En un momento determinado notó en la cara el soplo de una brisa fresca y vio con claridad a una señora mayor al otro lado de la cuna que le decía: «Vete a descansar, ya me ocupo yo». Como no la reconoció, le inquietó especialmente el porqué de su presencia. Sin embargo, corrió a su habitación, despertó a su marido y se la describió con detalle. Él se echó a llorar porque reconoció a su propia madre, fallecida veintiocho años antes.

Experiencias de famosos

Vivimos en una época en la que parece interesar al gran público todo aquello que les ocurre a los personajes famosos. Muchos de los que se han ido ya y muchos de los que todavía están entre nosotros han sido testigos asombrados de sus manifestaciones. Veremos que tampoco ellos se libran de vivir experiencias con fantasmas. Es el Más Allá el que tiene la iniciativa del contacto. No aparecen cuando nosotros queremos, sino cuando ellos lo creen necesario.

El doctor Christian Barnard, mundialmente famoso por ser el primero en realizar con éxito un trasplante de corazón, es nuestro primer protagonista. El 3 de septiembre de 1985, el *National Enquirer* publicó una entrevista con el eminente cirujano sudafricano, y en ella contó una curiosa experiencia que varios años antes había vivido en una clínica, cuando se reponía como paciente de una hepatitis vírica: «Hacia las diez de la noche —explicó Barnard— una mujer entró en mi habitación. Se acercó a mi cama y posó sus manos sobre mi pecho. Era pálida y delgada, tenía el pelo gris y los ojos azules. La cogí por las muñecas y pude comprobar que era frágil y ligera, tan ligera que a la presión de mis dedos reaccionó levitando, y de esta manera desapareció a través de la ventana. Alarmado, pulsé el timbre para que acudiera la enfermera —continuó el doctor Barnard—. Tardó un rato y entró pidiéndome disculpas: "Perdone, doctor, una mujer acaba de morir en esta misma planta". Le pedí que me la describiera. Era la mujer de pelo gris y ojos azules que momentos antes me había puesto las manos sobre el pecho».

Cuenta el famoso escritor colombiano y premio Nobel de Literatura Gabriel García Márquez,[25] que hace varios años se encontraba en la ciudad de México a la búsqueda de un taxi, y cuando estaba a punto de renunciar por la larga espera, vio acercarse hasta él uno que llevaba la bandera levantada. Cuando el vehículo se aproximó, el escritor vio sin ninguna duda que había un pasajero en el interior. Sólo cuando el taxi se detuvo ante él pudo comprobar que se había equivocado: dentro del taxi no había nadie.

Durante el trayecto comentó su visión con el taxista, y éste le replicó con naturalidad: «Siempre me sucede. A veces paso el día entero dando vueltas sin que nadie me pare porque ven al fantasma...».

La viuda de Anwar al-Sadat, presidente de Egipto que fue asesinado en un atentado, concedió una entrevista en 1982 en la que aseguraba que había visto a su marido varias veces.[26] «¿Se da cuenta —le preguntó el periodista— de que habla usted de su marido como si estuviera vivo?». «Nuestra religión —respondió ella— nos dice que cuando el cuerpo muere, el alma conti-

---

[25] *El País*, 19 de agosto de 1981.

[26] *People Weekly*, 18 de octubre de 1982.

núa viviendo. Sí —añadió—, tanto mis hijos como yo le sentimos como si estuviera todavía con nosotros. Es más: mi hijo Gamal oyó su voz una madrugada. Fue poco después de su asesinato. Mi marido se apareció a su hijo y le dijo: "¿Por qué estás triste? ¿Por qué están tristes tu madre y tus hermanas? Diles que estoy bien y muy feliz"».

Raymond Moody es un médico psiquiatra estadounidense que saltó a la fama por sus investigaciones sobre la frontera de la muerte, trabajo que realizó con miles de personas que fueron reanimadas después de estar «clínicamente muertas».

Fascinado por sus descubrimientos, se propuso ahondar en el misterio de la muerte y del Más Allá, partiendo de las técnicas que utilizaban las culturas antiguas para convocar y ponerse en contacto con el mundo de los ya fallecidos.

Moody renunció a su cátedra en la universidad para dedicarse por entero a lo que él llamaba su «teatro de la mente», un molino antiguo convertido en lugar de iniciación, en Anniston, en el Estado de Alabama, Estados Unidos. En una habitación cuyas paredes están tapizadas de terciopelo, Moody acomoda al visitante en una cama anatómica, lo más relajado posible, y lo enfrenta a un espejo gigante después de envolverle en una suave música y una luz tenue e intimista. Parece ser que este decorado y la concentración mental en el ser querido con el que se desea contactar hacen posible la evocación.

Inmerso como estaba en esta investigación, el doctor Moody se sintió tentado de asomarse él mismo a la experiencia. Para su sorpresa, no obtuvo ningún resultado en el «teatro de la mente», pero el fenómeno surgió espontáneamente cuando llegó al hotel donde se alojaba. Así lo cuenta en su libro *Reencuentros*:[27]

---

[27] Raymond A. Moody, *Reencuentros*, Edaf, Madrid, 1994.

«Yo estaba sentado en la habitación cuando, sencillamente, entró una mujer. En cuanto la vi, tuve la sensación de que me resultaba familiar, pero todo había sucedido tan deprisa que tardé algunos momentos en recobrar la compostura y en saludarla con educación. Al cabo de un tiempo, probablemente menos de un minuto, me di cuenta de que esta persona era mi abuela paterna, que había muerto hacía algunos años... Ella no presentó el más mínimo aspecto fantasmagórico o transparente durante nuestra reunión. Parecía completamente sólida en todos los sentidos. No resultaba distinta a ninguna otra persona, salvo por el hecho de que estaba rodeada de lo que parecía ser una luz o un hueco en el espacio, como si estuviera distanciada o retraída del resto de su entorno físico. Por algún motivo, no obstante, no me permitió que la tocase... No tengo idea de cuánto tiempo duró la reunión. Me pareció mucho tiempo, desde luego, pero yo estaba tan absorto en la experiencia que no me molesté en mirar el reloj».

Moody no esperaba ver a su abuela en la habitación del hotel, y es que los fantasmas suelen irrumpir en nuestras vidas cotidianas con el impacto de un regalo sorpresa.

La doctora Elisabeth Kübler-Ross cuenta su experiencia con el fantasma de la señora Schwarz.[28] «Yo hubiera olvidado sin duda a la señora Schwarz, como una más de mis innumerables pacientes —cuenta la doctora—, si ella no hubiera regresado para visitarme. Aproximadamente diez meses después de su entierro yo estaba furiosa, una vez más. Mi seminario sobre el morir y la muerte estaba a punto de irse a pique [...]. No veía otra salida para alejarme de ese trabajo que la de dejar la universidad... A mi pesar, tomé una decisión: "Abandonaré la

[28] Elisabeth Kübler-Ross, *La muerte, un amanecer*, Luciérnaga, Madrid, p. 58.

universidad hoy mismo, presentaré mi dimisión al final del seminario sobre el morir y la muerte". En ese momento apareció una mujer delante del ascensor. Sin querer, yo la miraba fijamente...: "Dios mío, ¿quién es? Yo conozco a esa mujer... ". Era una figura bastante transparente, pero no tanto como para poder ver a través de ella. La mujer se acercó a mí y me dijo: "Doctora Ross, yo debía volver. ¿Me permite que la acompañe hasta su despacho? No abusaré de su tiempo...".

»Mientras caminaba desde los ascensores hasta mi despacho, me seguía preguntando si era posible lo que estaba viendo, me decía a mí misma: "Estoy demasiado cansada y necesito vacaciones. Tengo que tocar a esta mujer para saber si está caliente o fría". Fue el paseo más increíble que yo haya dado nunca.

»Durante todo el tiempo ni siquiera sabía por qué hacía todo esto ni quién era ella. De hecho, incluso rechacé el pensamiento de que esta aparición pudiera ser la de la señora Schwarz, que había sido enterrada hacía algunos meses. Cuando juntas alcanzamos la puerta de mi despacho, ella abrió como si yo fuera la invitada en mi casa. La abrió con una suavidad, una dulzura y un amor irresistibles, diciendo: "Doctora Ross, yo debía venir por dos razones. La primera para darle las gracias a usted y al pastor G. por todo lo que hicieron por mí, pero la verdadera razón por la que debía volver es para decirle que no debe abandonar este trabajo sobre el morir y la muerte, al menos no por ahora...".

»Tanteé los objetos que sabía que eran reales. Toqué mi escritorio, pasé la mano por la mesa, palpé la silla. Todo estaba presente. Podréis imaginar que yo esperaba que por fin aquella mujer desapareciese. Pero no desaparecía sino que me repetía insistente pero amablemente: "Doctora Ross, ¿me escucha? Su trabajo no ha terminado todavía. Nosotros la ayudaremos, sabrá cuándo podrá dejarlo, pero se lo ruego, no lo interrumpa ahora, ¿me lo promete? Su trabajo no ha hecho más que comenzar".

»Durante ese tiempo yo pensaba: "Nadie me creerá si cuento lo que estoy viviendo ahora, ni siquiera mis más íntimos amigos...".

»Por fin la científica que hay en mí terminó sobreponiéndose y astutamente le propuse escribir una nota para el pastor G. "¿Tiene usted algún inconveniente? —pregunté. Y le pasé un lápiz y una hoja de papel—. Está claro que una persona enterrada no puede escribir una carta...". Con una sonrisa llena de amor, la mujer cogió el papel y escribió varias líneas. Después me dijo sin abrir la boca: "¿Está usted contenta?". Y desapareció».

Las líneas escritas por el fantasma de la señora Schwarz se enmarcaron y se han guardado como un tesoro.

Plinio el Joven nos cuenta en su epístola VI que una noche el filósofo Atenodoro, recién llegado a Roma, despidió a sus sirvientes y se dispuso, a la luz de una de sus lamparillas de aceite, a escribir en una tablilla varias de sus especulaciones metafísicas. De pronto escuchó un ruido de arrastre metálico sobre el suelo y, al levantar la mirada, vio con nitidez que ante él tenía a un fantasma. Era un hombre demacrado, envuelto en harapos y cargado de cadenas. El espectro le hizo señas para que le acompañase y Atenodoro le siguió hasta el patio central de la casa. Allí, el fantasma señaló el suelo y su figura se desvaneció. A la mañana siguiente, Atenodoro ordenó a sus esclavos que excavasen en el centro del patio. Todos se sorprendieron al hallar en el subsuelo los restos óseos de un hombre encadenado a unas argollas.

Existen casi dos mil años de diferencia entre estas experiencias. Ya entonces, lo mismo que ahora, los fantasmas se mezclaban en la vida cotidiana de los hombres, escapando a la lógica y transgrediendo las leyes conocidas.

Capítulo IV
LA MEDIUMNIDAD

*Cuando un espíritu impuro sale de un hombre, recorre
los lugares áridos buscando reposo y, no hallándolo, se dice:
volveré a la casa de donde salí.*

LUCAS 11, 14-26

La mediumnidad es la comunicación que parece establecerse entre un ser humano y las entidades existentes en un nivel o dimensiones distintos al nuestro. El fenómeno está perfectamente catalogado como una más de las manifestaciones paranormales.

El médium actúa como un intérprete, un comunicante, un intermediario, un portavoz de ese otro lado desconocido para la mayoría de nosotros, y tiene acceso a esa información a través de medios muy variados.

Según algunos entendidos, la mediumnidad implica haber logrado un estado alterado de conciencia que libera a los sensitivos de las limitaciones asociadas a la conciencia ordinaria y desdibuja las fronteras entre la persona y su mundo, entre la persona y su entorno. Parece ser que en ese estado de trance es donde se hace posible la conexión informativa con otras dimensiones. Otros piensan que pueden conectar con esa otra realidad porque son capaces de elevar la vibración de su propia composición, adecuándola a la del Más Allá.

El contacto o canalización puede producirse espontáneamente, pero lo más frecuente es que se logre a voluntad y controlando el fenómeno.

La comunicación a través de un médium se compone de tres elementos:

- El receptor: el médium, el sensitivo, el que recibe la información.
- El emisor o fuente: personas ya fallecidas, espíritus no encarnados o seres de otros mundos.
- El medio: suele ser tan variado, que merece la pena entrar en algún detalle.

Algunos médiums reciben sus informaciones por *clariaudiencia*, es decir, «oyen» los mensajes, como si los recibieran a través del oído. Marcel Belline, en su famoso libro *El tercer oído*, cuenta las comunicaciones que recibió de este modo y durante años de su hijo fallecido en un accidente de tráfico.

La *escritura automática* es otro medio muy utilizado por los médiums. Consiste en un proceso automático de escritura que tiene lugar mientras el médium se encuentra en estado de trance. El sensitivo «presta» su facultad de escribir a una entidad, que utiliza este medio para comunicarse.

Frederick Myers vivió en la segunda mitad del siglo XIX, era filólogo de lenguas clásicas y profesor de la Universidad de Cambridge. Dedicó parte de su vida a la investigación de la mediumnidad y escribió varios libros sobre el tema. En 1882 fundó la famosa Society for Psychical Research (SPR), aunque ha pasado a la posteridad por protagonizar desde el Más Allá, junto con otros dos investigadores de su época —Gurney y Sidgwich—, un caso espectacular. Los tres hicieron un pacto antes de morir con intención de demostrar que existe la trascendencia. El acuerdo consistía en que, una vez fallecidos, contactarían por separado con tres médiums y transmitirían a cada uno el fragmento de un mensaje. Serían como piezas de un rompecabezas que sólo tendría sentido cuando se ensamblaran.

Leonora Piper en Boston, la señora Verrall en Cambridge y Alice Fleming en la India recibieron mensajes firmados por cada uno de los investigadores, mensajes que no tenían ningún sentido. Las tres recibieron, conjuntamente con el mensaje, el ruego de que sin tardar lo transmitieran a la SPR de Londres. En el mundo de la parapsicología esta experiencia se conoce como «la correspondencia cruzada de Myers».

Otro de los métodos para entrar en contacto con el Más Allá es el popular *tablero ouija*. Cualquier superficie plana y medianamente lisa puede convertirse en un ouija. Tiene que tener todas las letras del alfabeto, los números del 0 al 9, un «SÍ» y un «NO». Los asistentes colocan el dedo índice sobre el vasito o copita situado boca abajo y ya está, el fenómeno se produce. El vasito empieza a deslizarse bajo los dedos, de letra en letra, transcribiendo palabras y frases.

Cualquier estudioso conoce la complejidad de este fenómeno y la dificultad que existe a la hora de discernir cuál es la fuente del mensaje. Puede ser el inconsciente o la telepatía entre los asistentes, un acceso excepcional a los registros akásicos o al inconsciente colectivo, según Jung, y puede ser también que se contacte con el mundo trascendente.

En cualquier caso es un medio con el que no se debe jugar, porque puede alterar seriamente a las personas emocional o psíquicamente inestables. Es como si pusiéramos un cuchillo o un arma de fuego en manos de un niño o de un loco. Los resultados podrían ser aterradores.

La médium Joyce Morgan se situaba frente a ti y era capaz, según ella, de ver a tu espíritu protector. Te hacía un dibujo y la mayoría de las veces reconocías a un amigo o a un pariente fallecido. Joyce Morgan utilizaba la *visualización*, que es un método directo y personal. Pero existen otras maneras de ver el mundo invisible, sólo que el sensitivo necesita un soporte para alterar su estado de conciencia. Puede ser una bola de cristal —cristalomancia— o un objeto personal del fallecido —psicometría.

La mediumnidad por *incorporación* puede llegar a tener versiones diferentes, aunque todas poseen en común que seres o entidades ya fallecidas utilizan el cuerpo del médium para realizar funciones en nuestro medio, funciones que ellos ya no pueden cumplir por carecer de los elementos físicos necesarios. A través del médium pueden hablar, dibujar, componer música o curar.

Algunos investigadores consideran que la utilización de *instrumentos* ofrece una cierta garantía a las comunicaciones porque se elimina el factor humano en el proceso.

La *cinta magnética* ha hecho posible las psicofonías, y desde junio de 1959 —fecha en la que Jungerson escuchó con gran asombro que alguien le llamaba por su nombre desde la cinta— hasta nuestros días, mil y una experiencias se han sucedido sin interrupción. La grabación de voces de una dimensión desconocida es una investigación en la que actualmente participan cientos de personas en todo el mundo. La gran novedad de las grabaciones es que cualquiera puede escucharlas sin necesidad de ser sensitivo y pasar por el estado de trance. Bender, Raudive, König, Sinesio Darnell o Madame Simonet..., todos hacen preguntas, y las respuestas llegan muy claras: «Seguimos viviendo, seguimos más vivos que nunca, la muerte es otra vida», repiten una y otra vez los mensajes.

El *teléfono* es un medio que está siendo utilizado en este tipo de comunicaciones. No siempre pueden ser reproducibles, aunque existen excepciones como ésta. Una tarde que Madame Simonet llamaba a su hija por teléfono y mientras estaba a la espera, oyó la voz de su padre fallecido que exclamaba con alegría: «Buenos días, hija». La grabación paranormal quedó registrada en el contestador automático. Madame Simonet es una mujer que en la actualidad se dedica a grabar psicofonías con mensajes que luego transmite a los destinatarios. Sirve de puente entre nosotros y los fallecidos que tienen que decir algo a los suyos. Ha recopilado sus experiencias en el libro *A la escucha de lo invisible*.

Marcello Bacci vive en Grossetto, una ciudad situada en el centro de Italia, y es un investigador que desde 1949 está aportando evidencias de la supervivencia después de la muerte. Utiliza una *radio* antigua de válvulas para establecer las comunicaciones y su casa está abierta a todo aquel que quiera participar en sus sesiones. Son personas que han perdido a un ser querido y la radio de Bacci les pone en contacto, dándoles esperanza y la certeza de que están vivos y en un sitio mejor.

Dentro de esta enumeración de canales técnicos, podríamos calificar como «medio estrella» aquel que llena de estupor y asombro a los investigadores: la pantalla de la *televisión*. Son las llamadas «psicoimágenes», y el fenómeno tiene lugar cuando aparecen en la pantalla personas que se identifican como fallecidas. La primera comunicación de este tipo la logró Klaus Schreiber el 30 de septiembre de 1985 en la ciudad de Aquisgrán. Siguiendo su línea de investigación, Oto König presentó en Milán en junio de 1986 diapositivas de este fenómeno, y tanto él como Schreiber, el profesor Senkowski, de la escuela técnica de Maguncia, como el ingeniero George Meek en Carolina del Norte y el profesor español Sinesio Darnell, tuvieron la ocasión de contrastar sus hallazgos en el Congreso Internacional sobre Manifestaciones del Más Allá que tuvo lugar en Basilea en 1989.

Por último, el *ordenador* se está revelando en nuestros días como un medio aséptico e irrefutable. Basta que se deje abierto un ordenador en una página en blanco para que puedan llegar hasta nosotros mensajes sorprendentes.

En estos procedimientos se ha demostrado que siempre es el Más Allá el que manda, cuándo, cómo y dónde se establecen las comunicaciones, y que éstas también «eligen» a las personas. El investigador que utiliza radio, altavoces, cintas, ecualizadores, micrófonos, pantallas o teclado, en la práctica se convierte en un médium instrumental. Marcelo Bacci consigue contactar con el Más Allá incluso cuando le quitan las válvulas a su radio.

En los casos que vienen a continuación fue necesaria la aplicación de la investigación psíquica, es decir, la mediumnidad, para resolver los problemas que al Grupo Hepta se le planteaban. El objetivo es ayudar a los que acuden angustiados, y no hay que rechazarla si la investigación física o el análisis psicológico de los involucrados no obtienen resultados. La bola de cristal, la escritura automática..., cualquier método es bueno si se consigue disipar la angustia o la preocupación no sólo de los vivos, sino también de los que nos han dejado.

En ocasiones los fantasmas son aquellos espíritus que no han sabido ascender a otras dimensiones y se quedan en nuestro nivel de existencia por ser lo único que conocen. Creen que están viviendo un sueño y tienen que ser otros los que vengan a explicarles su nueva realidad: no están soñando, sencillamente están muertos y ellos no lo saben... Otras veces quieren que su historia se sepa o dar a conocer la versión que ellos tienen de su propia vida; otras cuentan sus frustraciones o sus miedos, que es un modo de pedir ayuda desesperadamente... Dada nuestra experiencia, lo que sí sabemos es que todos estos motivos no les hacen volver, ¡es que no se han ido del todo!

Un fantasma de mudanza

Un matrimonio bastante angustiado llamó al Grupo Hepta porque sentía una presencia en su casa.[29] «Alguien» se sentaba en el sofá mientras la madre daba de comer a su hija, «alguien» hacía ruido por las noches, ruidos de cajas de cartón. En una ocasión pudieron verle. Era un hombre de mediana edad, con traje oscuro y contemporáneo. La niña, en medio de sus juegos, se quedaba absorta mirando a un punto fijo y sonreía (hasta los seis años todos los niños tienen mayor facultad de percibir el mundo invisible; luego, la formación racional va disminuyendo esta capacidad natural y espontánea).

La investigación física no dio ningún resultado. Esto es frecuente porque los aparatos de medición no están preparados para captar la composición del mundo espiritual. Desconocemos de qué están hechos los fantasmas y, por eso, hasta que no se descubra su cualidad energética, no podremos construir un artefacto que los detecte. Sabemos que alteran el campo magnético y que su presencia siempre se relaciona con un descenso de la temperatura.

---

[29] Caso Grupo Hepta, diciembre 2002.

Tuvimos que recurrir, una vez más, a la investigación psíquica para poder ayudar a esta familia desconcertada. Descubrimos que la misteriosa entidad había sido el anterior dueño de la vivienda. No sabía que estaba muerto y su ilusión era empaquetar sus libros en cajas de cartón para trasladarse a vivir con sus hijos y nietos, a los que adoraba. No le sentó demasiado bien saber que estaba muerto, aunque aceptó la noticia con resignación. Cuando le invitamos a irse, curiosamente salió por la puerta de la calle. Todavía no había aprendido que las puertas y paredes no son obstáculo para ellos...

La última tarde que estuvimos en la casa llovía a mares. Al desplegar los paraguas en el portal, de uno de ellos cayó una caracola. El fantasma ya no estaba enfadado, e interpretamos que su regalo era una manera de agradecer nuestra sinceridad acerca de su situación.

Sin embargo, no pudimos dejar de preguntarnos: ¿y si el fantasma sigue adelante con la idea de trasladarse a casa de sus hijos? ¿Empezarán a escuchar los ruidos de las cajas de cartón cuando desembale sus cosas?

El niño fantasma

Javy, de 8 años, vivía con sus padres y su hermana, de 20 años, y además compartían el domicilio familiar con una chinchilla, varios peces y una perrita alborotadora de pelo corto y negro. Su cuarto era el refugio para estudiar porque en él encontraba silencio e intimidad. Un atardecer, Javy levantó la vista de los libros y se quedó sorprendido. En una esquina de la habitación, un niño de unos 3 años, rubio y con el pelo cortado a trasquilones, le estaba mirando.[30] Su primera reacción fue salir corriendo para contar a sus padres lo que estaba ocurriendo. Con paciencia, el padre inspeccionó la habitación y, finalmente, justificó la visión como resultado de algún reflejo del exterior.

Para Javy la experiencia no terminó ahí, porque volvió a ver al niño dos veces más y siempre en su dormitorio. Sólo a la tercera vez el fantasmita le habló, para decirle que se llamaba David y que estaba buscando a su hermano Mario; tiene frío, y pide a Javy que le preste un jersey. Javy, que es un niño inteligente, extravertido y nada ñoño, ya no está asustado y aprovecha la aparición para saber más cosas del niño. Le toca y comprueba que tiene consistencia, pero el frío fantasmal le cala hasta los huesos...

El pequeño fantasma le cuenta a Javy que él y su hermano Mario, de 7 años, vivían con su madre en una casamata. La madre les dejaba solos todo el día porque trabajaba en una casa grande de asistenta. Los dos hermanos tenían una abuela que se llamaba Encarni y un abuelo que se llamaba Alberto, y ambos tenían un bar. A David, el angelote de los trasquilones, le gustaba ir al bar del abuelo para ver la televisión en blanco y negro. Cuenta también que la madre le bañaba en un barreño.

Como cansado de la experiencia, la figura de David se fue difuminando. En la tarde del día siguiente, David vuelve a hacerse visible y la conversación continúa entre los niños justo en el punto en el que lo habían dejado. Javy quiere averiguar qué le pasó al hermano de David e insiste para que complete la historia. «Sólo recuerdo que oí muchas vo-

---

[30] Caso Grupo Hepta, 2005.

ces y entraron en casa unos señores malos vestidos de azul que se llevaron a Mario —cuenta el fantasmita—. Para que no me vieran, me escondí debajo de la cama —continúa—; no sé por qué, pero yo tosía mucho, y ya no me acuerdo de más».

Fue la videncia de Paloma Navarrete, la investigación psíquica, la que dio con la clave. En la casamata se había declarado un incendio y los bomberos —los hombres de azul— irrumpieron en la casa y consiguieron salvar a Mario. Al esconderse David debajo de la cama retrasó su salvamento y perdió la vida, intoxicado por el humo. ¿Cómo explicar a un niño que está muerto? Lo único que pudo hacer el Grupo Hepta fue llamar en su nombre al Más Allá para que ellos se encargaran de David.

El caso del centro cultural

Desde hace tres años ocurren cosas extrañas en un centro cultural cerca de Madrid.[31] Los ascensores funcionan solos y dos de los bedeles han informado de que han visto a un extraño personaje, mal vestido y con gafas. Algunas noches oyen golpes bajo el suelo del edificio y, delante de la directora, la fotocopiadora se puso en marcha. Unos perros que acompañaban a sus amos se negaron a permanecer en el vestíbulo y trataron de salir desesperadamente.

Nos trasladamos al centro una tarde del mes de enero y esperamos pacientemente a que todo el mundo se marchara. Era de noche, hacía frío y un vientecillo serrano calaba hasta

---

[31] Caso Grupo Hepta, 2004.

los huesos. Cuando al fin pudimos entrar en el edificio nos recibió un inmenso hall, con suelo de mármol brillante y temperatura acogedora. Dejamos el material en el suelo e inmediatamente Paloma Navarrete determinó que algo raro estaba ocurriendo: «Es como si alguien estuviera cavando túneles debajo de nuestros pies —dijo—. Es absurdo». La directora nos explicó que no tenían sótanos y que debajo del mármol sólo estaban los cimientos del edificio. Los físicos midieron los campos magnéticos de la sala y comprobaron que las mediciones cambiaban continuamente, siempre coincidiendo con la posición que, según las percepciones de Paloma, ocupaba «el excavador de túneles». Las oscilaciones volvían locos a los físicos, hasta que Paloma exclamó con autoridad: «¡Párate y te ayudaremos!».

Nos reunimos en una de las oficinas con la directora y Paloma se asomó a la bola de cristal para intentar un contacto con el personaje. Es un señor mayor, encorvado, y que dice llamarse Baldo. No sabe por qué ha aparecido en el centro cultural y se enfada cuando se le pregunta dónde y cómo murió. Repite una y otra vez que está vivo, y se empeña en que la única manera que tiene de salir de su situación es excavando una galería hacia el exterior. Está claro que Baldo no sabe que se ha muerto y él mismo se ha creado con la mente un mundo oscuro y subterráneo del que no sabe salir. ¿Tal vez Baldo murió sin saber que se moría en un lugar cerrado y sombrío y por eso trasladó su última situación una vez traspasado el umbral del Más Allá?

Todos rezamos con respeto el ritual a los arcángeles para que vinieran a ayudar a Baldo. Desde esa noche y hasta ahora, el Grupo Hepta no ha vuelto a tener noticias del centro cultural.

Una tienda muy concurrida

Era una tienda de telas de dos plantas.[32] Las dependientas atendían a varios clientes cuando por la puerta entró una señora mayor con una bufanda de lana cubriéndole la cabeza y una bolsa del pan colgándole del brazo. Directamente, y sin preguntar nada, bajó la escalera, situada frente al mostrador de la caja, hacia la planta sótano. Las vendedoras, al terminar de atender a los clientes, comentaron entre ellas que había que bajar para ver qué deseaba la señora mayor. Con gran asombro, no pudieron encontrarla.

La viejecita había desaparecido. A partir de ese momento, una voz bronca y asmática de hombre les llamaba por sus nombres cada vez que bajaban al sótano. En el almacén se volcaban los recipientes, y las cintas que colocaron por la noche, de esas que se activan con la voz, grabaron risotadas, ruidos de movimientos de sillas..., en fin, como si el sótano cobrara vida en las horas nocturnas.

Pudimos averiguar que, años atrás, el local había sido utilizado por su antiguo propietario para organizar partidas de póquer y reuniones bastante ruidosas.

La investigación con psíquicos reveló varias historias humanas superpuestas en el tiempo y en ese mismo lugar, pero sus protagonistas tenían sus razones para seguir en el local.

Manolo había sido trapero antes de la construcción del edificio actual, en 1954. Se había construido en el solar una chabola y trabajaba todos los días con su carro. Cuando se inició la construcción, a Manolo le indemnizaron para que se marchara. Según nos contó en la sesión mediúmnica,

---

[32] Caso Grupo Hepta, 2003.

poco tiempo después del desahucio se murió porque «respiraba muy mal». Estaba amargado. Consideraba que la indemnización había sido una miseria que no le permitía seguir trabajando. Permanecía en el lugar porque era lo único que reconocía y no sabía adónde ir. A veces deja oír su voz para asustar y distraerse, otras ordena las cosas y limpia, creyendo que así prolonga la vida que tuvo. Es Manolo quien nos advierte de que hay más gente del pasado en la tienda de telas...

Magdalena es el fantasma de la viejecita, la que asustó tanto a las dependientas. Fue portera de la casa y en ella tenía su vivienda. Nos contó que había tenido cuatro hijos y siete nietos y que permanecía en el sótano de la tienda —su antigua vivienda— sabiendo que está muerta. Una de sus nietas, Adela, de 6 años, falleció a causa de una enfermedad pulmonar. La niña cree que todavía está viva y la abuela la acompaña para que siga creyéndoselo. A la niña le encanta jugar y disfrazarse con las telas, y las dos permanecen en la tienda, el lugar donde han detenido el tiempo.

Magdalena ayudó a resolver el origen de los ruidos en el sótano: «Por la noche y hasta la madrugada —contó— vienen aquí un grupo de hombres que "mueven" dados y alternan con mujeres».

La niña de las coletas

En una ciudad cercana a Madrid vivían una madre de 80 años y su hija de unos 50, funcionaria del Estado. Un sobrino pequeño, que se quedó con ellas un fin de semana, les cuenta al despertar que ha visto a una niña en la puerta de su habitación.[33] No prestaron demasiada atención al pequeño porque esa noche la tormenta pudo haberle afectado negativamente y quizá el miedo le provocó una pesadilla.

Poco a poco los fenómenos aumentan. Por la noche oyen cómo se mueven los ceniceros y otros objetos de la casa: la mecedora se balancea y terminan sacándola a la terraza para que les deje dormir. El 19 de septiembre ven a una niña morena con coletas y uniforme de colegio que les mira desde el dintel del dormitorio. Sólo se le ve de medio cuerpo para arriba y siempre les despierta de 4 a 6 de la mañana.

Como la experiencia se repite cada noche, deciden llamar al Grupo Hepta para que les ayude. La niña no les da miedo, pero no les deja dormir.

La investigación física de la casa no nos da ninguna pista y hay que recurrir a la investigación psíquica para conocer la identidad de la niña. Cuando Paloma Navarrete se asoma a la bola de cristal aporta una serie de datos muy interesantes: la niña murió en 1940, en pocos días pero no de accidente, y se llamaba Inés. Se mordía las uñas, tenía un hermano pequeño de 10 años y vivía cerca, en una casita con una parra en el jardín. Curiosamente, se encuentra cerca de nuestra realidad, en una especie de interfase entre este mundo y el mundo del Más Allá. No quiere irse, le divierte jugar por la noche. Inés aparece con una señal en la frente, como si se tratara de una pequeña cicatriz.

Cuando a lo largo de los siguientes días se intenta recabar información, la dueña de la casa logra localizar a unos parientes de Inés que corroboran la existencia de la niña, describen la casa y la parra del jardín e incluso la acompañan hasta su

---

[33] Caso Grupo Hepta, octubre 1996.

tumba. Inés murió por la picadura de una avispa en la frente. Con las terapias existentes en aquella época no pudo superar un shock anafiláctico.

El caballero de la leontina

No siempre es fácil, cuando nos morimos, dejar nuestra casa, nuestras cosas, y algunos fallecidos necesitan tiempo para adecuarse a su nueva situación. El problema es que algunas personas se aferran al lugar donde vivieron, sencillamente porque están desorientadas y no saben adónde ir. Prefieren permanecer en un entorno conocido y recrear a su alrededor las cosas que tuvieron, creyéndose que son reales y viviendo a caballo de su realidad recreada y la realidad del presente de los vivos.

El Grupo Hepta acude a la vivienda de una azafata en pleno centro de Madrid.[34] Dice sentir un rechazo cada vez que regresa a casa de sus viajes. Acostumbrada por su trabajo a dormir en mil sitios y a horas diferentes, no consigue hacerlo de un tirón en su dormitorio. También ha probado a cambiarse de sitio, pero en todos le sucede lo mismo.

Cuando se lleva a cabo la investigación psíquica aparece un señor de finales del siglo XIX, con buen porte y luciendo una leontina de oro. El propietario del reloj sabe que está muerto y cree estar enterrado en la Sacramental de San Isidro, pero se presenta con mal genio, alterado e impaciente. El motivo de su enfado eterno es que a su muerte pudo comprobar que una hija suya, la heredera de la casa, la había vendido de inme-

---

[34] Caso Grupo Hepta, febrero 2004-junio/octubre 2006.

diato. Con esa mezcla de realidad y medio locura que afecta a las personas que no se despegan de nuestro nivel, confiesa, en un arrebato de autoridad: «Naturalmente, ya la he desheredado». Este comentario nos hizo reír, porque era la primera vez que un muerto nos hablaba de desheredar a alguien... ¡desde el Más Allá!

El dormitorio de la azafata era su despacho. El caballero de la leontina repite una y otra vez que no puede irse porque en él guarda un baúl con documentos importantes que no quiere dejar. Habla de sus otros hijos, de todos menos de uno, al que no quiere ni mencionar. «Es un desastre», puntualiza. Pero no dejamos de percibir una cierta tristeza en tal afirmación.

En esta primera visita parece que conseguimos que abandone el lugar y busque a su mujer y a sus hijos lejos de allí. «¿Por dónde tengo que irme?», pregunta sorprendido. Recibe las instrucciones con curiosidad y, dando las gracias, sube por la escalera del dúplex hacia el dormitorio de la azafata, su lugar favorito, antes de abandonar, quizá para siempre, la cárcel psíquica en el que él mismo se había encerrado durante tantos años.

Sin embargo, cuando parecía que el Grupo Hepta había solucionado el caso, pudimos comprobar que el personaje de la leontina no se había marchado del todo. Había vuelto de nuevo a su despacho, había reconstruido a su alrededor una realidad virtual y, lo que es más, se había olvidado de su muerte. «¿Por qué has vuelto? —le preguntamos—. Estás molestando». «Qué estupidez —responde—. Ésta es mi casa, hago lo que quiero y no molesto a nadie. Tengo muchas cosas que hacer, muchos papeles que estudiar. Están ocurriendo hechos importantes». Y con medias palabras habla de una conspiración política, de su rey Alfonso XII, y nos informa de que tiene el título de duque y que visita palacio a menudo. Cuenta que tiene varios criados —uno de ellos, el más fiel, se llama Pablo—, y al preguntarle por su salud, buscando la vía más suave para recordarle su muerte, refiere, sin darle importancia, pequeños problemas de corazón. El duque comenta también que su esposa está en el campo —nos encontramos comienzo del verano— y que está dudando si pasar unos días en San Sebastián o en la finca. Cuando queremos saber con qué medios piensa viajar, el fantasma, disculpando nuestra ignorancia plebeya, nos contesta: «En mi coche de caballos, naturalmente». Va vestido con levita y, tras abrir la tapa de su sempiterno reloj, muestra el retrato de una mujer morena. Sonriendo y con gesto pícaro, nos confiesa: «No, no es mi esposa. Es el amor de mi vida».

De momento es imposible ayudarle porque para hacerlo tiene que asumir su muerte y anular el mundo irreal del que se ha rodeado. El verano se aproxima y dejamos que el señor duque disfrute de sus vacaciones virtuales. Habrá paz en la casa hasta que vuelva.

Cuando llega septiembre empiezan a ocurrir fenómenos de nuevo: se estropean varios aparatos electrónicos y el cristal grueso de una mesa se raja de parte a parte. ¡El señor duque ha vuelto de sus vacaciones!

Esta vez acudimos reforzados con dos elementos nuevos: un médium y un aparato especial de ultrasonidos que sólo utilizamos en casos extremos.

Paloma Navarrete y el médium Daniel Chumillas se ponen de acuerdo para coordinar su labor. Planifican una estrategia con la cual pretenden atraer a nuestro plano a la amante del caballero, que al parecer se llamaba Leonor, según el médium. Puesto que era el amor de su vida, quizá ella pueda conseguir anular la arrogancia y la soberbia del fantasma.

Los dos, trabajando con sus mentes a la vez, aproximan a Leonor, quien, acercándose a su amante, consigue atraer su atención, inundarlo de cariño, explicarle su situación y llevárselo de la mano. Para rematar el trabajo y evitar que se pueda reconstruir otra realidad en la casa, se conectó el emisor de ultrasonidos.

Al día siguiente la azafata nos llamó por teléfono para comunicarnos la buena nueva: por primera vez en mucho tiempo ha dormido de un tirón en su dormitorio —donde el fantasma de la leontina había recreado su despacho, sus angustias y sus documentos importantes, y que había al fin dejado por la fuerza del amor.

El recuerdo de un amor

Era el verano de 1993 cuando llamaron por teléfono al Grupo Hepta de investigación para pedir ayuda. Se trataba de una pareja recién casada que había puesto su nuevo hogar con ilusión, remodelando un dúplex de una casa antigua.[35]

A la vuelta del viaje de novios ella había empezado a tener visiones poco tranquilizadoras: el fantasma de un hombre la mantenía en vilo. Su comportamiento era imprevisible y aparecía y desaparecía sobresaltándola continuamente. Lo mismo se presentaba cuando se duchaba, que emergía del suelo haciendo mil piruetas. Lo veía reflejado en los espejos y su voz se hizo audible un día que el matrimonio tenía invitados a cenar: «¡Ya está bien, que se vayan, que es muy tarde!», resonaron las palabras, ante el estupor general.

---

[35] Caso Grupo Hepta.

La campana extractora de humos funcionaba sola, las luces se encendían y se oían pisadas por la escalera de caracol que conectaba los dos niveles de la casa.

En nuestra segunda visita, reforzamos el equipo con una experta en escritura automática y a través de este tipo de mediumnidad se estableció un diálogo pintoresco con el personaje que les tenía sobresaltados y que resultó ser el antiguo dueño de todo el edificio.

Médium: ¿Quién eres?

Personaje: Mira, niña, no vas a venir tú aquí a fastidiarme, te vas a sentir ridícula. Desde hace varios años estoy viviendo en esta casa. Ésta es mi casa, ¿comprendes? No me voy, no me voy. ¿Qué vas a hacer? Tú no puedes hacerme nada, yo puedo esconderme.

Médium (por encargo de la joven dueña): ¿Por qué me asustas?

Personaje: Amor, te pareces mucho a una mujer que amé. Me puedes echar mil veces, pero no creas que me voy a marchar, ¿te enteras? No me voy.

Médium: ¿Sabes que estás muerto? ¿Por qué me haces sufrir?

Personaje: Sí, eres muy torpe. Sí, sé que no estoy vivo. La muerte no es más que un cambio de plano y sé que para ti soy un muerto. Pero no te preocupes, cariño, no deseo asustarte. Sólo quiero seguir disfrutando de la vida. Me llamo Carlos. Yo soy un ser, ése es mi nombre. Me llamaba Carlos, pero ahora no me llamo nada. Yo a ti no te hago nada malo, no me destruyas porque mi vida se desvanecerá. Me parece que no tenéis nada claro lo que es la vida aquí donde estoy. Se vive fatal, y para una vez que me encuentro alguien simpático, no me lo quitéis.

De repente, el tal Carlos se exalta y empieza a insultar a todos los presentes y a una entidad espiritual que entra en la escritura automática dirigiéndose a la joven recién casada: «Serás el camino para los que te rodean. Donde vayas te protegeremos. No lo pienses más, baila, sonríe y disfruta. Ésa es la oración que más le gusta a Dios».

Cuando acaba este contacto, Carlos, el personaje, vuelve a la carga. Suponemos que se siente inseguro ante nosotros y empieza a insultarnos. Paloma Navarrete interviene y se establece un diálogo muy violento entre los dos. Paloma le amenaza con medidas extremas que el Grupo Hepta puede utilizar y Carlos repite una y otra vez: «No, no me voy porque ésta es mi casa. Pero ¿qué hacéis? Vais a terminar echándome...».

Y es que uno de los físicos se había ido a otra habitación con el aparato emisor de ultrasonidos y lo había puesto en funcionamiento. Este aparato era una de las «medidas extremas» con las que Paloma había amenazado al testarudo Carlos.

Sabía que estaba muerto pero no tenía ningún deseo de dejar lo que él seguía considerando su propiedad, y mucho menos seguir la recomendación de buscar el nivel de luz que le proporcionaría una nueva realidad. No hubo más remedio que hacerle entrar en razón con una buena dosis de ultrasonidos.

Víctima de la Guerra Civil

La casa se halla ubicada en la plaza principal del pueblo. Perteneció durante cuarenta años a una familia formada por el matrimonio y una hija. La casa es grande, con tejas rojas en la cubierta, fachada enfoscada, y las ventanas y balcones enmarcados en piedra.

La Guerra Civil fue cruel para todos, pero especialmente para esta familia. Tenía en el pueblo una posición elevada y en aquellos días algunos no perdonaban semejante privilegio. El padre sabía que su vida tarde o temprano estaba sentenciada y por las noches dormía vestido, concediéndose tan sólo la comodidad de unas zapatillas de fieltro, que se calzaba en chancletas. Sus temores se cumplieron. Una noche de 1936, un grupo radical del pueblo vino a recogerle y le pegaron cuatro tiros a la vuelta de la esquina, a 300 metros de la casa.

Con el paso de los años, su mujer murió y la hija también, dejando la casa a su marido, que decide ponerla en venta ya que era excesivamente grande para él.

El nuevo propietario, un hombre de muy buena posición, compra la casa en 1984 y la remodela a su gusto. Sólo conserva la escalera original y decora el chalé con mármoles y molduras, plata y porcelanas en vitrinas. Instala hidromasaje en los baños, reviste de espejos el techo de alguna habitación, forra las camas con edredones brillantes e inunda de peluches de todos los tamaños los cuartos infantiles. Algunas muñecas de varios colores ataviadas de bailaoras decoran algunos rincones de la casa, sin olvidar un león de trapo de tamaño natural que se despereza en uno de los salones.

Al poco tiempo de entregarles las llaves empiezan a ocurrir fenómenos: el perro ladra y gruñe al aire, señalando a puntos donde nadie ve nada, escuchan ruidos como de puertas que se abren y se cierran y, sobre todo, por las noches, oyen pasos que suben y bajan la escalera, con pisadas cansinas en chancletas.

Se ponen en contacto con nosotros con una cierta angustia.[36] Están asustados porque los fenómenos que ocurrían en la

---

[36] Caso Grupo Hepta, 1991-1995.

casa han culminado con una experiencia que les ha desequilibrado a todos. Una tarde, algunos miembros de la familia se había quedado charlando en el cuarto de estar mientras que parte de los chicos estaban en el hall con unos amigos. Al levantar la vista observan atónitos el fantasma de un hombre que les mira apoyado en el dintel de una de las puertas y con los brazos cruzados. Cuando lo están viendo en el cuarto de estar, el fantasma gira, sale al hall y allí es visto por unos amigos de los hijos. Todos observan al fantasma subir la escalera y desvanecerse.

Los testigos afirman que lleva un chaleco sin mangas encima de la camisa y que ésta tiene un cuello un poco alzado, como los cuellos duros que se llevaban en el primer tercio del siglo xx. Todos aseguran también que su cara no les es familiar, que no le conocen de nada.

El primer paso fue contactar con los dueños anteriores de la casa para saber si antes de venderla ocurría en ella algún tipo de fenómeno. Se confirmó la ausencia de anomalías durante los cuarenta años de su propiedad. Después de esta conversación, para el Grupo Hepta era evidente que existía una relación entre los fenómenos y los nuevos dueños, que eran los que habían solicitado nuestra ayuda.

Los físicos realizaron mediciones de campos magnéticos. Piedad Cavero grabó en vídeo toda la casa en busca de alguna imagen anómala. Se hicieron barridos fotográficos en tiempos diferentes. Todos los resultados fueron negativos. Sólo el termómetro ambiente saltó varias veces revelando la ubicación de algunos puntos fríos alrededor de la zona de la escalera.

Al utilizarse la bola de cristal, Paloma viaja al pasado a través de ella y ve a un señor mayor, dueño de la casa. Sabía que le iban a matar, no se acostaba en la cama y permanecía vestido, lleno de angustia. Podía escapar, pero su mujer estaba enferma y no quería dejarla sola al cargo de su hija. Una noche llaman a la puerta. Son los asesinos que vienen a por él, y, y, despacio, muy despacio, él baja la escalera para enfrentarse a la muerte, arrastrando un poco los pies para que no se le salgan las zapatillas, que lleva en chancletas...

Para poder revisar la vivienda con tranquilidad, los dueños nos dejan las llaves. No hay nadie en la casa. Mientras aparcamos el coche, Paloma Navarrete comenta con su habitual naturalidad: «Nos están esperando, alguien se ha asomado a la ventana del hall». Estos comentarios pondrían a cualquiera los pelos de punta, pero no a nosotros, los miembros del Grupo Hepta, que estamos curados de espanto. Sería como si un cirujano tuviera miedo a la sangre. La advertencia de Paloma estimula a los miembros del grupo, que, cargados con los aparatos y en medio del silencio nocturno, vamos poco a poco entrando en la oscuridad de la casa.

Se repitieron las mediciones y también fueron negativas, pero esa noche, al revisar todas las habitaciones, hubo una sorpresa: encima de una silla, perfectamente colocadas, aparecieron un par de zapatillas de fieltro de cuadros, con el talón rebajado por haber sido usadas en chancletas...

Cuando a la mañana siguiente devolvimos las llaves a los dueños de la casa, éstos porfiaron una y otra vez que las zapatillas no eran de ningún miembro de la familia, y no podían explicarse quién las había podido poner allí. «¿Quién será el fantasma? —nos preguntábamos—. ¿Qué relación puede tener con la actual familia? ¿Qué quiere?».

Incansables, volvimos a la casa una vez más. No queríamos darnos por vencidos. Recabamos la ayuda de una médium, Begoña Ojeda. En la sesión está presente la señora de la casa y pronto se presenta un hombre muy enfadado que no quiere saber nada de los investigadores. «Soy el amo —dice una y otra vez—. Vosotros no tenéis nada que ver con esto». Se le nota agresivo, airado, acusador. Cuando la mujer del dueño le pregunta si quiere algo de su marido, el fantasma, todavía indignado, dice: «Sí, claro que sí. La compró, la cambió y le conozco». «Ya me lo temía yo», responde la dueña de la casa mirando de soslayo. Y es entonces, sólo entonces, cuando el Grupo Hepta es informado de que, al parecer, ciertos parientes lejanos de su marido habrían participado en la muerte del antiguo dueño de la casa. El «amo» era un fantasma que quería que se supiera la verdad y quizá rechazaba que uno de los descendientes de su tragedia disfrutara del hogar de su familia.

El caso del podólogo asesino

El caso que nos ocupa apareció en todos los medios de comunicación.[37] Adalberto Gutiérrez era un uruguayo que vivía en un piso del Camino Viejo de Leganés (Madrid) con Carmen, su mujer. En las Navidades de 2001, Carmen, con el pretexto de visitar a su madre, se marchó a Uruguay. En realidad no pensaba volver, y así se lo comunicó a su marido al poco tiempo de llegar a su país. Este abandono provocó en Adalberto una gran depresión. Carmen no sólo era su mujer, sino que, de los dos, ella era la que tenía autorización para ejercer la podología en España. Durante algún tiempo, Adalberto se refugió en el mundo de la música con el conjunto Venus, al que pertenecía.

---

[37] Caso Grupo Hepta, 2001.

Al poco tiempo de sufrir esta tragedia personal, Adalberto tuvo la suerte de encontrar a una ayudante española, Toñi, con todo tipo de titulaciones para llevar con éxito la consulta de podología. Además, Toñi, amable y buena profesional, consiguió aumentar la clientela.

Todo marchaba bien hasta que un día Toñi le planteó a Adalberto sus proyectos de boda y su deseo de independizarse profesionalmente. Adalberto comprende que por segunda vez una mujer le falla. No se siente con fuerzas de volver a soportar el fracaso y el vacío a su alrededor. En su mente, desequilibrada y enferma, empieza a madurar el camino de su venganza...

El sábado 5 de mayo cita a Toñi en la consulta para entregarle el finiquito. El novio de Toñi, Fernando, y un hermano de 17 años, presagiando problemas, la acompañan. Ante la insistencia de Toñi, los dos se quedan en el portal, aunque con la condición de llamarles en caso de necesidad.

Pasan pocos minutos antes de que Toñi empiece a gritar pidiendo auxilio porque Adalberto la ha reducido atándola a un sillón. Cuando Fernando aporrea la puerta del piso para ayudar a su novia, el podólogo, fuera de sí, le abre violentamente para forcejear con él y, en el mismo hall, le dispara con una pistola de fogueo. Al comprobar que no lo ha matado, lo remata degollándolo con un cuchillo. Es entonces cuando el hermano baja la escalera chillando y pidiendo ayuda, alertando a toda la vecindad.

Mientras, en el interior de la vivienda, Adalberto sigue construyendo su terror particular. Exasperado porque Toñi sigue gritando, le secciona el cuello con la misma arma con la que acaba de asesinar a Fernando. Y es entonces y sólo entonces cuando Adalberto adquiere conciencia de lo que ha hecho. Horrorizado por su comportamiento, se dirige a la cocina y, sentado en una silla, de cara a la ventana, se secciona la femoral.

Son los propietarios de la vivienda los que acuden a nuestro grupo en busca de ayuda. El piso ha estado varios meses precintado por orden judicial y ahora que ha sido levantado el precinto y que los parientes de los fallecidos se han llevado sus pertenencias, desean comprobar si el piso ha quedado apto para poder venderlo o alquilarlo. No quieren transferir a los nuevos habitantes cualquier residuo que de la tragedia hubiera podido quedar en el escenario de los crímenes.

Como el piso tiene la luz cortada, acudimos al Camino Viejo de Leganés una mañana soleada. Los propietarios no han querido entrar en la casa desde la tragedia y realmente no sabemos lo que nos vamos a encontrar. A la salida del ascensor nos apelotonamos ante la puerta y la llave que nos han facilitado entra en la cerradura con suavidad y precisión.

El suelo del distribuidor de la casa está lleno de papeles y de guantes de goma de la policía. El olor es insoportable y existe en el ambiente una sensación de espesor. Las ventanas de par en par no logran ventilar el olor a podredumbre. Hay manchas de sangre en las paredes, en los suelos y en las puertas. Como si alguien se hubiera apoyado en ellos con las manos manchadas. La sangre es más evidente en la habitación donde Adalberto asesinó a Toñi y en la cocina. Ésta es muy reducida, y en ella las evidencias del suicidio de Alberto son estremecedoras.

Recobrados de la aprensión inicial empezamos nuestro trabajo fijándonos en detalles: en las paredes hay pósters de Adalberto solo y acompañado por todo el conjunto Venus; en el suelo del despacho reposa una agenda para citas que se quedó en blanco el 5 de mayo, y muchas, muchas tarjetas de visita de Adalberto y su consulta de podología.

Las mediciones físicas resultaron normales, pero Paloma, desde nuestra llegada, seguía «oyendo» gritos y su malestar físico iba en aumento. Vivía el ahogo, la angustia y el miedo que Toñi sintió antes de morir. También dijo sentir una presencia muy fuerte y enfadada. Dada la historia de los acontecimientos, lo más probable es que de existir algo anómalo estuviera en el campo psíquico, así que nos sentamos en el suelo, sobre unos cartones. El personaje del uruguayo salió de inmediato para ordenarnos que nos fuéramos. Negaba su participación en los asesinatos y, muy agresivo, repetía una vez más que saliéramos de la casa. Como conocíamos los hechos, insistimos en nuestras preguntas: «¿Por qué dices que no fuiste tú?». «Por la droga», respondió. Y esta palabra fue la clave para ir enhebrando la historia de la tragedia; de la historia, claro, según la versión de Adalberto.

Nos confesó que esa mañana, para afrontar la renuncia de Toñi, se cargó de droga más de lo habitual. Es por eso que no quería admitir ni su culpabilidad ni tampoco su arrepentimiento. Fueron unos asesinatos no premeditados —continuó—. Su afecto por Toñi, los celos, y la droga le arrastraron a cometer esa barbaridad.

Era consciente de que estaba muerto y no sabía por qué permanecía en la consulta. No quería arrepentirse ni de la muerte de Fernando, ni de la de Toñi, ni de su propio suicidio. Con paciencia, conseguimos calmarle. Le hicimos ver que no amaba realmente a Toñi. La necesitaba porque era un músico sin éxito, cocainómano y totalmente dependiente del trabajo de Toñi desde que su mujer le abandonó. Fernando, el novio, era la causa de sus problemas y por eso se convirtió en la primera víctima. Poco a poco logramos que aceptara su responsabilidad en los hechos, y le hicimos ver que su arrepentimiento sería la única vía para poder ayudarle.

Reunidos en el cuarto donde Toñi había muerto, Paloma Navarrete recitó una fórmula maravillosa que conoce para guiar a los espíritus reticentes o despistados hacia la luz. Después, quisimos comprobar si Adalberto se comunicaba de nuevo con nosotros. Nadie contestó a nuestra llamada. Recogimos los bártulos lentamente y cerramos detrás de nosotros la puerta del Camino Viejo de Leganés...

El juez y el alquimista

Esta casa está situada en la sierra madrileña, no lejos de la capital. Es una casa de construcción moderna, típica de la zona, con la fachada blanca y piedra de corteza en las aristas, tejado de pizarra, con porche y terrazas solanas.

Al realizar unas fotos para la compañía de seguros, la familia se sorprende porque en un espejo aparecen las figuras de dos personajes: uno tiene aspecto de monje y otro de mosquetero. Claro que llevaban ya algún tiempo viviendo unos fenómenos muy extraños.

Una mañana, uno de los brazos de la lámpara de hierro del dormitorio apareció doblada, se oían pisadas por la casa, un pestillo se movió solo. Los nietos pequeños aseguraban ver gentes por la casa, personajes que sólo ellos eran capaces de percibir. Una noche que la niñera se quedó con los niños viendo la televisión mientras los padres y los abuelos salían a cenar, algo insólito ocurrió: aprovechando una tanda de anuncios y ante la hora ya poco adecuada para los niños, la niñera se levanta para acostar al niño mayor y deja al bebé dentro del cochecito. Al volver se encuentra al bebé de pocos meses perfectamente sentado en el sofá. Y es entonces cuando comprueba, al volverlo a acostar, que se le había olvidado poner el freno al cochecito y que este rozaba el borde de uno de los escalones que existían en los distintos niveles del cuarto de estar.

A pesar de estos fenómenos, la casa era acogedora y sus dueños mucho más. Llamaron al Grupo Hepta.[38] Querían saber por qué estaban sucediendo esas cosas en su casa.

Realizamos todas las mediciones de tipo físico, sin que nos proporcionaran la clave. Fue la investigación psíquica la que nos la dio. Las informaciones de la bola de Paloma y del ouija nos revelaron la historia del lugar y de sus personajes.

En 1692, antes de que se construyera la casa actual, había otra en el mismo lugar que pertenecía a un juez o inquisidor. Este señor tenía un amplio jardín atravesado por un camino que desembocaba en el atanor de un alquimista que trabajaba para él.

Este alquimista se llamaba Hugo. Nos dijo que era «pagano formado en Oriente» y que de vez en cuando también trabajaba a las órdenes de la familia real (no olvidemos que estamos hablando de un lugar muy próximo a El Escorial). Hugo nos contó que le mataron, ahogándole en un pozo cercano a la casona de su señor, porque no quiso revelar un secreto que como alquimista poseía.

Cuando le preguntamos por qué producía aquellos fenómenos, dijo que lo que quería era que su verdad saliese a la luz, pero que tenía cariño a la familia actual y que tanto él como el juez actuaban como espíritus protectores.

Al conocer estos hechos del pasado, buscamos por los alrededores de la casa y descubrimos un cobertizo fuera de la linde de la propiedad actual que en efecto tenía un pozo medio cegado.

---

[38] Caso Grupo Hepta, 1994.

Hugo nos cayó bien a todos. Tanto es así que la familia nos rogó encarecidamente que no espantáramos al espíritu del alquimista, ya que se había encargado de su protección.

La niebla verde

En Inglaterra, cerca de Bath, en Somerset, existe un palacio llamado Longleat Manor. Esta mansión isabelina fue construida en 1540. En ella vivían el vizconde de Weymouth y su esposa, Louisa Carteret. El vizconde la sorprendió con su amante, mató a su rival en duelo y lo enterró, al parecer, en el sótano.

Louisa, la dama de Longleat Manor, no se aparece vestida de blanco sino de verde, y su presencia en la mansión es aceptada por toda la comarca.[39]

En 1974, la cadena NC decidió producir una serie dedicada a las casas encantadas del Reino Unido. Rodaron escenas en varias de ellas sin novedad hasta que llegaron a Longleat Manor, residencia habitual de la Dama de Verde.

Nada más llegar el equipo de filmación, las cosas empezaron a complicarse de una manera inexplicable: las luces se fundían, el teléfono se quedaba sin línea y más de una cámara, sin que nadie supiera por qué, se estrellaba contra el suelo o desparramaba sus piezas por las escaleras. Para colmo, cuando al fin lograron subsanar avería tras avería del equipo, a la hora de positivar el material del rodaje del primer día de trabajo se encontraron con la interminable imagen de una niebla verdosa y espesa.

---

[39] Fritz Leingber, *Los fantasmas*, GRM, Barcelona, 2003, p. 169.

Al día siguiente, y pensando en un error humano, se utilizó una cámara nueva y el material se comprobó de antemano. Puntualmente, el fenómeno volvió a repetirse y la protagonista de la jornada fue, una vez más, la niebla espesa amarilla y verdosa.

En vista de que estos percances estaban costando una fortuna, el equipo empezó a preguntar por los alrededores qué podía estar pasando, y las gentes del lugar, ante el asombro de los técnicos, aseguraron que la culpa del desaguisado era de la Dama de Verde, y les recomendaron que recabaran la ayuda de algún médium que pudiera ponerse en contacto con ella.

Dado lo desesperado de la situación económica y superando su incredulidad, siguieron el consejo. El médium, después de contactar con el espíritu, les recomendó que para filmar correctamente tenían que pedir permiso a la Dama de Verde. Al parecer, esta señora estaba muy molesta por su falta de consideración y les reprochaba sus modales zafios y poco educados, más propios de plebeyos que de gentes de letras. «Al fin y al cabo —parece ser que dijo—, ésta es MI CASA».

Las reacciones del equipo fueron para todos los gustos: sonrisas escépticas, indignación por el absurdo, actitudes de suficiencia racional, burlas a la mediumnidad, etcétera. El caso es que, ignorando el deseo expresado por el fantasma, al día siguiente filmaron lo que tenían previsto. El resultado no podía ser otro: allí estaba la niebla pegajosa y familiar que sustituía las hermosas tomas que se habían rodado.

La cadena de televisión no podía permitirse aquel despilfarro, así que el director del programa se ofreció voluntario para solicitar oficialmente a la Dama de Verde el permiso para la filmación. La petición formal se realizó en la biblioteca del palacio, en presencia de todo el equipo y a la hora tradicional de los fantasmas, las doce de la noche.

Simultáneamente a esta petición, se montó una cámara en el tercer piso, tradicional zona de aparición de la Dama de Verde. Esta cámara fue preparada para que se accionara sola a intervalos regulares y durante toda la noche.

A la mañana siguiente todos pudieron visionar el resultado. Hubo gritos de sorpresa al comprobar cómo una burbuja de luz, saliendo de una puerta, desaparecía por otra, después de detenerse ante el objetivo. El cronómetro de la cámara marcaba la una de la madrugada, una hora después de la petición formal en la biblioteca. A partir de ese momento no volvieron a tener ningún problema.

Una madre protectora

Carmen puso a hervir las judías verdes y, con prisas, recogió su bolso y cerró tras de sí la puerta de casa. Su trabajo como profesora le absorbe gran parte del día, y todavía no se ha acostumbrado a que ahora tiene más tiempo para realizar las pequeñas tareas cotidianas. Durante ocho años ha cuidado de su madre, y se acostumbró a las prisas, a la ansiedad cuando se ausentaba de casa. Ahora no sabe hacer las cosas con tranquilidad, e incluso por las noches todavía cree oír la voz de su madre pidiéndole ayuda. Carmen cree que esto es natural, tan natural como el vacío que siente, porque hace poco tiempo del fallecimiento.

Ensimismada en sus pensamientos, y conversando con vecinas y tenderos, se olvidó de que se había dejado la verdura en el fuego. Unas berenjenas moradas y brillantes del verdulero le refrescaron la memoria. «¡Mis judías!», exclamó de repente. Temblorosa, introdujo la llave en la cerradura y olfateó buscando el humo. Al entrar en la cocina, el asombro la deja sin respiración: el fuego está apagado, y el puchero con las judías cocidas en su punto, retirado del peligro. Nadie estaba en casa, nadie podía estar. Es a partir de ese momento cuando los hechos extraños se precipitan.[40]

Una noche Carmen se despierta y ve a su madre, que le está dando friegas en los tobillos. Solía hacerlo cuando ella volvía a casa cansada de sus clases. Carmen estaba preocupada, pendiente del resultado de unas pruebas médicas. En mitad de la noche se despierta porque no puede darse la vuelta en la cama, las sábanas se le han trabado. Se gira y puede ver a su madre echada en la cama a su lado que, sonriéndole, le dice: «No temas, duerme tranquila que no va a ser nada».

En el piso de arriba de la casa hay un cuarto de estar que comunica con un dormitorio amplio y un cuarto de baño. Era donde dormía la madre de Carmen antes de empeorar de salud. Después dormía en el piso de abajo, con Carmen, para evitarle subir y bajar escaleras. Al morir la madre, Carmen cambió la posición de los muebles de esa planta, pero tuvo que volverlos a su lugar de siempre porque por las noches oía el corrimiento de butacas y demás enseres, y lo interpretó como que a su madre no le gustaba el nuevo orden que ella había impuesto.

En el primer viaje a casa de Carmen, Paloma Navarrete acude a la bola de cristal para saber qué está pasando. Curiosamente, cuando hace la llamada, la madre de Carmen acude bajando por las escaleras y Paloma la describe como «una mujer de ojos preciosos que viene a nosotros atusándose el pelo». «Hay mucho que hacer en la casa —dice la mujer— y no quiero irme todavía, porque ahora que me encuentro bien quiero

---

[40] Caso Grupo Hepta, 2006.

ayudar a mi hija. Es pronto para irme —repite una y mil veces—, tengo que velar por ella y devolverle los cuidados que ella ha tenido conmigo durante ocho años».

A pesar de nuestros ruegos, no conseguimos convencer a esta madre protectora de que su hija es mayor y no necesita de su ayuda. Sigue asegurando con terquedad que no quiere irse todavía. ¿Quizá está esperando que Carmen resuelva su soltería para irse definitivamente?

Tanto en Estados Unidos como en otros países, se ha demostrado la eficacia de los ultrasonidos para hacer desaparecer las entidades o fantasmas que ocasionan molestias. No se sabe exactamente por qué, pero existen dos hipótesis: o bien los ultrasonidos perturban su composición energética y por eso se van, o bien este tipo de energía, sumada a la que ellos tienen, les facilita la evolución a planos existenciales de más alta vibración, logrando el mismo resultado.

No lo dudamos. Teníamos que ayudar a Carmen y a su madre. La emisión de ultrasonidos facilitaría a la fallecida el desprendimiento de nuestro nivel y la posibilidad de alcanzar el plano adecuado. De este modo Carmen recuperaría también la paz y el sueño reparador.

La soledad de Tina

Elvira y su marido llevan tres años y medio viviendo en una casa del barrio de Chamberí de Madrid. El edificio se construyó en 1947. Cuando ellos la compraron tuvieron que remodelarla, porque los antiguos propietarios la utilizaban como oficina. Cada vez que Elvira y su marido reciben en su casa a unos amigos con cierta sensibilidad, todos coinciden en que ven a una mujer rubia, delgada y guapa paseándose por ella. Tan cansados estaban de estas visiones que llegaron incluso a sentarse en la mesa del comedor y, dirigiéndose al «fantasma», rogarle que se fuera de su casa.[41]

Las rogativas no tuvieron efecto, así que llamaron al Grupo Hepta. Las fotos y los barridos con vídeo resultaron negativos. Las mediciones de campo magnético sólo detectaron alteraciones anormales en el comedor. Curiosamente, el comedor es el único espacio que se ha conservado de la distribución original de la casa.

Cuando contactamos con este personaje, afloró una historia de soledad, desprecios y abandono. Tina es rubia, tal y como la veían muchos en esta casa, y era la amante del constructor del edificio. De él dependía afectiva y económicamente. Le montó esta casa a Tina, la escondió de sus amistades, y el único quehacer de ella era esperarle llena de tristeza y recibirle cuando se dignaba visitarla.

Un buen día, su amante se cansó de ella y, a pesar de que había tenido una hija con él, las abandonó a las dos. Tina murió mayor, abandonada y sola. Considera que ésta es su casa, su sitio, y repite una y otra vez llorando que no tiene a dónde ir... Sabe que está muerta pero sigue esperando, como en vida, que él venga a verla, a buscarla. Tiene miedo a irse de esta casa y perderlo todo.

Cuando se grabó en vídeo la sesión de bola, a la pregunta «¿Por qué estás aquí?», en el audio queda claramente registrado: «Estoy muerta».

También se descargan por dos veces las pilas del flash, y las baterías del vídeo se quedan a cero. Esto suele ser habitual

---

[41] Caso Grupo Hepta, 2001.

cuando hay entidades implicadas. Se cree que de algún modo ellas se recargan de energía utilizando este procedimiento.

Convencemos a Tina de que deje este plano y ascienda al lugar de destino. Allí no va a necesitar lo material y no va a echar de menos esta casa. Las invocaciones de Paloma la ayudan a encontrar el camino, y cuando los físicos vuelven a medir los campos magnéticos del comedor, comprueban que se ha restablecido el equilibrio. Hay que esperar que esto signifique que Tina, el fantasma rubio, se ha dirigido hacia la luz y ha encontrado la ruta adecuada a través del túnel.

Misterio en el valle

Llovizna. Cargamos los aparatos en los coches y enfilamos la carretera serpenteante que poco a poco nos adentra en el valle de los Pedroches.[42]

Llegamos a la casa al anochecer. En la puerta del recinto nos impacta un cristo realizado con una raíz gigante y oscura. Hay que adivinar sus miembros porque realmente parece carecer de ellos. Aparcamos los coches cerca de una pared encalada interrumpida por una cancela. A lo largo del muro y a modo de tótems están plantados siete personajes: unos tienen caras macilentas como de cadáveres en descomposición, otros exhiben expresiones aviesas de maligna complicidad. Todos portan cruces pintadas en el pecho, búhos y águilas en la cabeza, adornos del mundo azteca, cuerdas sofocantes y colores que alternan el terracota y el siena con el verde, azul y rojo de reminiscencias folclóricas.

---

[42] Caso Grupo Hepta, 1995.

Nuestro anfitrión es un afamado escultor que desde muy joven recorrió el mundo. En 1989 expone su magnífica obra en Córdoba y retoma el contacto con su tierra. Le hablan de que un joven arquitecto ha heredado las ruinas de un antiguo monasterio y sin dudarlo las compra, junto con un amplio terreno circundante. Conservando la estética del pasado, transforma el lugar en su refugio. En él tiene su taller y su casa, salpicada de sus obras: hay geodas de amatistas que sirven de peana a pájaros de presa con las alas de plata y garras en disposición de ataque, en un fanal de cristal una cabeza agónica se muere oprimida por una envoltura de cuero y cuerdas, y en un póster, con el título «Manipulador de energías», la marioneta gigante de una prostituta cabalga desgarrada exhibiendo un puñado de billetes en su generoso escote de cartón. No cabe duda que el autor tiene una visión muy personal de la realidad y una interpretación de la estética en la que deja aflorar su inconsciente y las experiencias peculiares de toda una vida.

Cuando limpiaron una era cercana detrás de la casa, descubrieron una plataforma circular, empedrada, cuyas piedras formaban unos radios convergentes en su centro. En la superficie podían observarse unos agujeros rebordeados como si hubiesen existido columnas. El monasterio se halla en medio de un circo de montañas y esta plataforma, protegida en uno de sus lados por la ladera de una de ellas, se abre sin embargo cara al valle y desde ella se domina cada uno de sus relieves. Parece ser que en la Baja Normandía se descubrió una plataforma parecida a la que los expertos adjudican la edad de 4.000 años. Parece que podría ser un monumento funerario, un lugar de culto o un observatorio astronómico. Algunos aseguran que dada su situación podría haber sido lugar de aterrizaje de ovnis.

Todo el entorno del monasterio era zona tradicional de eremitas, y concretamente en él vivieron doce monjes del desierto de Belén allá por el siglo XIX. En una sesión mediúmnica salieron algunos de estos monjes. Yñaqui, Manuel y Borja vivieron en este lugar en 1852. «Amábamos a Dios —confesaron—, pero un superior que teníamos llamado Nuño nos obligaba a matar a caminantes para robarles y poder así sobrevivir en nuestra penuria». Dicen estar retenidos en un lugar hasta que puedan borrar los efectos de sus acciones.

La casa y sus personajes se entremezclan sin dejar respiro. Consciente, inconsciente, emotividad y creación. La fórmula es explosiva, y como ingredientes misteriosos, los eremitas desalmados y la plataforma que sigue sin saberse si fue un templo solar, un observatorio para las estrellas o un lugar de aterrizaje de naves interestelares.

A la espera de una muerte

Nos llama el párroco de un pueblo porque está muy preocupado por lo que le cuentan unos feligreses. No sabe qué hacer ni cómo manejar la situación.[43]

La familia está formada por un matrimonio y dos hijos, un chico de 12 años y una niña de 6. Hace unos seis años murió la abuela a consecuencia de un cáncer en la cara, y su marido hace unos meses de cáncer de colon. Este abuelo, que se llamaba Teodoro, era un hombre difícil, patriarca y administrador único de la economía familiar.

---

[43] Caso Grupo Hepta, 2000.

Los hijos de la familia aseguran que han visto ya varias veces en la casa a la abuela, vestida de negro y con un parche en la cara, parche que usaba por su enfermedad. Se da la circunstancia de que la niña no había conocido a esta señora.

La nuera contó también que ha visto varias veces a su suegro sentado en una silla al lado de la chimenea, como solía hacer todos los días, y tumbado en la habitación con la gorrilla puesta, prenda que no se quitaba nunca. Tanto la madre como los hijos ven a los abuelos a la luz del día.

Al llegar a la casa, acompañados por el párroco, observamos que desde una ventana nos observa un gato grande encuadrado entre plantas. La familia nos recibe amablemente. Es una casa de pueblo, con tapetes bajo los adornos, microondas en el salón, una máquina de coser enfundada y en la pared un título grande expedido por la casa Singer que certifica que la madre es bordadora. Nos comenta que su marido está en el campo, cuidando el ganado que tiene. Él también ha visto a sus padres, pero no quiere hacer comentarios al respecto. Por lo que cuentan de él, es sencillo y terco.

Hacemos una visita a la casa donde vivían los abuelos, que está casi adosada a la que habita la familia. Ahora la utilizan para guardar los aperos, las gallinas, el pienso y demás utensilios del campo. La antigua casa de los abuelos está llena de suciedad y abandono. Varios gatos saltan y corretean entre las piernas y hay mal olor y mugre por todas partes. Todavía podemos ver un par de camas desvencijadas y algunos muebles destartalados. Notamos zonas frías, y, envueltos en ellas, volvemos a la casa principal.

Es allí donde Paloma conecta con el abuelo. Está sentado en su silla, junto a la chimenea. «¿Por qué estás aquí?», le pregunta. Y con voz desagradable y desabrida, contesta: «Estoy en la casa porque es mía, y además no quiero irme todavía porque estoy esperando a mi hijo». Es entonces cuando la madre, la bordadora, rompe a llorar y nos confiesa entre sollozos: «Hace seis meses que a mi marido le han diagnosticado un cáncer y no se quiere operar...».

La casa dormida en el tiempo

Llegamos a esta casa de la sierra de Madrid por casualidad, una tarde casi en invierno.[44] La baja temperatura y el viento habían dejado los árboles del jardín con unas pocas hojas rojizas. La casa estaba abandonada desde que en los años cuarenta había vivido su mejor momento. Era uno de esos chalecitos de dos plantas que servían a sus propietarios para pasar los fines de semana cerca de la capital.

Había polvo por todas partes. Polvo sobre los muebles, polvo sobre el piano y en la cocina, encima de una mesa, también el polvo recubría un trozo de pan y una cacerola roja. Encima de otra mesa, un reloj tumbado esperaba el milagro de una mano amiga que lo volviera a poner en marcha. Dentro de los armarios todavía había algunos recuerdos, objetos abandonados y fotografías que situaban a sus moradores allá por los años cuarenta y cincuenta. La casa parecía dormida en el tiempo, como en los cuentos de hadas.

La recorrimos despacio, acariciando los retratos familiares y teniendo en todo momento la sensación de que alguien invisible nos acompañaba de habitación en habitación. Casualmente, ese día nos acompañaba Rafael Goded, gran investigador y amigo, y Rosa, una médium experta en escritura automática. Le rogamos que tratara de conectar con esa entidad.

---

[44] Caso Grupo Hepta, 1993.

—¿Quién eres? —preguntamos.

—Soy el dueño de esta casa; no juguéis con mis cosas, son mías. Debéis marcharos porque jamás nadie ha pisado estos pasillos si no son mis hijos y mi familia. Te acordarás de mí si no sales de la casa. Aquí no puedes entrar y hacer investigaciones si yo no quiero.

—¿Por qué estás aquí?

—Mira qué pregunta tan tonta. Estoy aquí porque ésta es mi casa, y si estoy en mi casa no necesito nada.

—¿Sabes que estás muerto?

—Sí lo sé. Y soy feliz. Aquí viven los míos y los veo. Estoy muerto pero vivo porque te veo perfectamente.

—¿Cómo te llamas?

—No me acuerdo bien, pero mi nombre está en una placa. Estoy muy orgulloso de lo que soy y de lo que fui. Soy el dueño de esta casa, pero el pueblo existe gracias a mí.

—¿Por qué tu familia no habita la casa?

—Tú no vivirías en ella tampoco. Es mi casa y no lo permitiría nunca. La casa es buena pero no son buenos los que la han heredado. Para mí es como si no fueran de la familia, y si crees que miento, investiga. Ellos no merecen pisar donde mi mujer.

Al terminar la sesión nos despedimos de él pidiéndole disculpas por haber revisado «su casa». Sospechamos que al morir él, los parientes no trataron bien a la viuda y, como revancha, ha decidido hacer ingrata la estancia a los herederos...

Una facultad con problemas

Nos fuimos a Córdoba porque en la Facultad de Derecho de esta ciudad estaban ocurriendo una serie de anomalías que inquietaban al profesorado, a los bedeles e incluso a las limpiadoras, que entraban muy pronto por las mañanas.[45]

Este caso fue recogido por un canal de televisión y por ello no es necesario mantener nombres y ubicación en el anonimato.

Desde hace unos once años se escuchan ruidos, golpes, murmullos de conversaciones y pisadas, y algunos cerrojos se abren y se cierran con gran sorpresa para el personal. Los fenómenos se concentran en la primera planta, en los despachos de Derecho Natural, de Historia y de Trabajo, en el de Mercantil y en el aula de Informática.

En el siglo XVII, el edificio fue un convento de carmelitas, años después se estableció en él un cuartel napoleónico, y en el siglo XX, hasta los años cincuenta, se convirtió en un hospital para enfermos de tuberculosis. El decano nos mostró todas las dependencias, aprovechando la luz del día. Los claustros y los patios evidencian su etapa conventual. Hablamos con una de las limpiadoras, testigo de algunos de los fenómenos. «En el pasillo —explica— salía una neblina de los aseos y hacía mucho frío. Por un momento pensé que se estaba quemando algo, pero no era así».

Cuando ya al atardecer consultamos los planos de las distintas plantas, la «zona caliente» corresponde a la ubicación de la morgue del hospital y al pasillo que daba acceso a este recinto.

Terminamos reuniéndonos en la antigua morgue, alrededor de una mesa rectangular con el decano y algunos profesores. Paloma se sitúa en un extremo de ella, frente a la puerta de entrada a la habitación y, observando su bola, establece una conversación con varias personas que se apelotonan en la puerta sin que ninguna se atreva a cruzar el dintel. Parecen enfermas, delgadas, tristes, y tienen profundas ojeras.

---

[45] Caso Grupo Hepta, 2006.

«Vivimos aquí desde hace mucho, pero no queremos entrar en la habitación porque si se entra ahí ya no se sale». (Sin duda se refieren a entrar en el tanatorio del hospital). Una mujer rubia, que dice llamarse Hilaria Fernández Sastre, asegura que no se va a curar. Está muy delgada, pálida y estropeada. Habla de monjas y doctores que les cuidan y cree vivir en 1928. En un arranque de coquetería nos confiesa: «Yo antes no era así...».

Un hombre mayor, que está al fondo del grupo que se agolpa en la puerta, se abre paso entre ellos y nos dice que él es de 1935. Todos le llaman Adolfo. Nos cuenta que son muchos y que sólo quieren pasear y respirar, que están vivos. «Si no se van —asegura— es porque no tienen a dónde ir. No tienen familia y si la tienen, nadie va a verlos». Se quejan una y otra vez de que nadie les va a visitar. En aquella época, la tuberculosis era muy contagiosa e incurable. Los hospitales antituberculosos eran auténticos lazaretos.

Paloma les pregunta: «¿No tenéis fantasmas por aquí?». Es entonces cuando una chica muy joven, morena y medio translúcida, que dice llamarse María, se abre paso entre el grupo del Más Allá para contarnos que cerca de la fuente del patio ha visto «salir algunos», y que «además, hay muchos ruidos raros en el edificio...». Para estos fallecidos atrapados en una realidad pasada, la vida universitaria, llena de vida, voces, y bullicio, era la evidencia de una actividad fantasmal.

Dejamos la Universidad de Córdoba y con ella a sus fantasmas. Tanto el decano como los profesores querían que permanecieran con ellos. «No hacen nada a nadie, y sabiendo ya quiénes son y que no quieren irse, es mejor que les demos la oportunidad de vivir su momento virtual hasta que prefieran abandonarlo para ir en busca de la eterna realidad».

Capítulo V

HECHOS EN BUSCA DE TEORÍAS

La parapsicología no ha conseguido todavía demostrar un nexo coherente y común a todos los fenómenos. Esto quizá es lo que indujo al doctor Richard Broughton —director científico del Instituto de Parapsicología de Estados Unidos— a exponer, en el Segundo Congreso Mundial de Ciencias y Parapsicología que tuvo lugar en Madrid los días 5 y 6 de marzo de 1994, que los fenómenos paranormales son un conjunto de hechos en busca de teorías («*facts in search of theories*»).

Antes de Einstein, mucho de lo que ahora llamamos ciencia se consideraba metafísica y filosofía. El paso del tiempo ha hecho que la realidad sea algo flexible, inconsistente y en continua revisión. Investigar a los fantasmas no es una pérdida de tiempo. Cada vez sabemos más sobre ellos, y cuando aumentamos nuestros conocimientos, aumenta la comprensión sobre nuestra propia existencia.

Todas las hipótesis que se manejan ahora para explicar el fenómeno paranormal son imperfectas porque no pueden aplicarse a todos los fenómenos. No podemos desecharlas, sin embargo, porque desconocemos los parámetros de la percepción extrasensorial, las capacidades de la mente humana y la composición del espíritu. Quizá la clave está en encontrar una hipótesis válida para cada fenómeno que existe y no empeñarse en que una sola pueda aplicarse al conjunto.

¿Qué teorías se barajan ahora para intentar explicar el fenómeno de las apariciones, de los fantasmas de las casas encantadas o de los poltergeist? Vale la pena repasarlas.

Cambio de escenario

Esto es lo que les ocurrió a dos señoritas inglesas, Moberly y Jourdain, cuando un día de agosto de 1911 daban un paseo turístico por el jardín del pequeño Trianon de Versalles.[46]

Repentinamente, estas dos mujeres se encontraron en un paisaje diferente. Fue algo así como si un tramoyista hubiera cambiado ante sus ojos el decorado de una escena teatral. Unos jardineros trabajaban cerca de ellas. Llevaban un uniforme verde y sombrero de tres picos. A la puerta de una granja, había una mujer y una niña pequeña, vestidas con trajes largos y manteletas en pico que les cruzaban el pecho. Los personajes se movían y actuaban. No eran imágenes estáticas. A su lado, casi rozándolas, pasó corriendo un caballero con capa oscura y zapatos de hebilla.

La experiencia duró el tiempo suficiente para que en el escenario entraran más personajes y hubiera más acción. Los jardineros, las damas, todos se movían sin ruido, sin aire, como los actores de una película muda. Indudablemente se habían asomado a una escena del siglo XVIII que había ocurrido en ese mismo lugar.

---

[46] John Canning, *Grandes misterios sin resolver*, Tikal, Madrid, 1995, pp. 171-176.

Cuando volvieron a encontrarse en el paisaje del presente, coincidieron en afirmar que lo más chocante de su experiencia había sido la sensación de que no era un paisaje vivo y natural, sino que parecía la réplica de un tapiz, sin luces ni sombras y sin el viento que meciera las hojas de los árboles.

El efecto Delpasse

Siempre se había pensado que la memoria era una parte de nuestro espíritu, pero el profesor Georges Ungar, farmacólogo norteamericano, nos demostró que se trata de una sustancia orgánica, un polvo blanco.

Cuando al cerebro llega un impulso eléctrico que le trae una nueva información, los elementos de la albúmina de las neuronas se agrupan y forman una molécula nueva. Así nace una molécula de memoria.

El cerebro es capaz de discernir entre informaciones dignas de registrar y almacenar e informaciones desechables. Aquellas informaciones que el cerebro considera sin valor son enviadas a la memoria de duración limitada, donde muy pronto son eliminadas, puesto que se mantienen como impulsos eléctricos. Si hay que archivar la información, los módulos de albúmina de las células nerviosas se hacen cargo de este impulso eléctrico inicial y ordenan su transformación en una molécula de memoria. La memoria de tiempo limitado es energía. La memoria de larga duración es materia.

Aprender no es otra cosa que convencer al cerebro de la necesidad de producir moléculas de memoria, y esto se logra a base de repetir la información. Harto de recibir la misma información una y otra vez, el cerebro, para que le dejen en paz, da instrucciones para imprimir moléculas de memoria. Cuando la información que recibe el cerebro es impactante, no hace falta repetir la información para que se produzca el proceso.

En 1924, Hans Berger, neurofisiólogo alemán, descubrió la corriente cerebral y dibujó el mapa eléctrico del cerebro: el electroencefalograma. Todas las funciones vitales se realizan por este funcionamiento eléctrico, así como la facultad de pensar y la consciencia. La experiencia médica nos dice que cuando se apaga nuestra corriente cerebral ya no tenemos consciencia.

Por otra parte, el doctor Grey Walters, neurólogo, descubrió la onda inductora. Conectó a una persona a un electroencefalógrafo. Comprobó que antes de que la persona accionara el mando, se producía una respuesta eléctrica del cerebro. La decisión de encender un televisor producía una onda inductora. El segundo paso fue amplificar esta onda cerebral y comprobar que era suficientemente potente como para encender por sí misma el televisor, sin necesidad de pulsar el mando.

El también neurólogo Van Amsynck había descubierto que el hombre está capacitado para influir en la frecuencia de sus propias ondas cerebrales. Van Amsynck trataba con su investigación de que los enfermos de hipertensión lograran reducirla. Era una técnica de relajación e inducción para modificar el ritmo cardiaco, la tensión arterial y las funciones metabólicas.

Al físico y biólogo Jean-Jacques Delpasse le fascinó la idea de que el ser humano fuera capaz de poner en marcha un televisor con el pensamiento, y dedujo que si la orden de conectar el aparato se repitiera durante algún tiempo, las ondas inductoras, con su insistencia, conseguirían impresionar unas moléculas de memoria.[47] Delpasse se dio cuenta de que estas experiencias guardaban una gran semejanza con las pruebas de Grey Walters y el monitor de televisión.

Delpasse habló con Van Amsynck y le propuso entrenar a sus enfermos, no sólo para controlar esas funciones, sino además para producir a voluntad el «efecto Grey Walters», es decir, para poner en funcionamiento un monitor mediante la producción de ondas inductoras. Lo que verdaderamente le interesaba a Delpasse era demostrar, de una manera visible, que el espíritu sobrevive a la muerte física. Si los contenidos memoriales son constitutivos de la consciencia y son parte de la personalidad, ¿qué pasaba con ellos a la hora de la muerte?

Algunos pacientes llegaron a desarrollar una destreza increíble para iluminar la pantalla con una onda mental. Y quiso el azar o la Providencia que uno de los pacientes sufriera una hemorragia cerebral y que se le conectara un electroencefalógrafo y el dispositivo amplificador de ondas cerebrales Grey Walters. En un momento determinado, el electroencefalograma se quedó plano señalando la ausencia de corriente cerebral, pero cuál no sería la sorpresa de todos cuando en el dispositivo Grey Walters apareció la señal y el televisor se encendió.

A esta señal activada cuando ya no existe ninguna onda cerebral inductora es lo que se ha dado en llamar el «efecto Delpasse», que demuestra que existe una energía desconocida capaz de activar los contenidos de la memoria después de la muerte del cerebro. Esta energía es conocida como «psinergia» (PSI), y algunos creen que este fenómeno fue la demostración

---

[47] James Bedford y Walt Kensington, *El experimento Delpasse*, Martínez Roca, Barcelona, 1976, pp. 102, 130, 132 y 145.

de que algo sobrevive a la muerte física. Cualquier proceso de cambio que se origina en la Naturaleza supone una transformación o liberación energética. La muerte es una transformación de la materia que podría liberar la energía PSI.

El fantasma holográfico

En el año 1947, el físico anglo-húngaro Dennis Gabor descubrió que era posible conseguir, utilizando haces de luz láser coherente, una imagen tridimensional en medio del espacio.[48] Era la holografía, y le valió a su descubridor el Nobel de Física de 1971.

Hace ya dos décadas, los fisiólogos Kensington y Durval descubrieron en la base del cráneo unas proteínas memoriales en las que, según ellos, se concentra no sólo la memoria de los conocimientos, sino también la memoria de la personalidad. Aseguraron que éste podría ser el origen de la psinergia del profesor Delpasse. A la hora de la muerte cerebral definitiva, la psinergia abandonaría el cuerpo llevando consigo la suma de informaciones que conforman nuestra personalidad. Las radiaciones derivadas de este proceso serían comparables al efecto de un rayo láser.

Para no perderse fuera del cuerpo, este paquete de información necesitaría un soporte. Cualquier rótulo grabado es el resultado de unas letras que se han diseñado al revés en el molde. La teoría de Kensington y Durval es que la psinergia necesitaría para grabarse lo contrario de la energía y, si energía es lo mismo que materia, el soporte podría ser la antimateria.

---

[48] *El experimento Delpasse*, ob. cit., pp. 276 y 280.

En el momento del fallecimiento, nuestra personalidad y nuestro espíritu podrían convertirse en un holograma antimaterial en el que cada uno de los quantos incluiría toda la información de la persona fallecida.

Todo es presente

El concepto cartesiano de espacio plano y lineal, así como el de un cosmos rígido e inmutable, ha sido sustituido por el de un universo elástico. En él, el espacio es curvo y puede plegarse en función de determinados parámetros relativistas, los agujeros negros pueden encauzar la materia a lugares desconocidos, y el átomo podría estar formado por trenes de ondas vibracionales y no de materia.

Hasta ahora, nuestro mundo era tridimensional, compuesto por lo largo, lo ancho y lo alto. Hace tiempo que la ciencia nos habla de la cuarta dimensión, que estaría compuesta por las tres dimensiones tradicionales más el factor tiempo. Esto podría significar que nuestro mundo de tres dimensiones podría estar incluido en otra unidad mucho mayor, en la que podrían ser diferentes las constantes que consideramos fijas e inmutables.

Einstein comentó que con el descubrimiento de la relatividad y de la simultaneidad se fundieron el espacio y el tiempo en un continuo unitario. La teoría del Presente Continuo nos dice que los hechos de la vida están ya marcados, y es el individuo el que corre al encuentro de ellos, viviéndolos y alejándose posteriormente de los mismos. Sería un «presente eterno» que sólo nuestra limitada capacidad de percepción nos hace tomarlo como una serie de secuencias cronológicas. Según esta hipótesis, lo que ocurre es pasado, presente y futuro a la vez. Basándonos en estas teorías, podríamos trasladarnos al pasado o al futuro, eso sí, como meros espectadores, porque lo ya ocurrido no se puede alterar.

En 1979, una compañía inglesa de teatro se alojó en Lenox, Massachusetts, en una preciosa casa georgiana, en donde a principios de siglo había vivido la famosa escritora norteamericana Edith Wharton.[49]

«Había un grupo ensayando en mi cuarto —cuenta Andrea Haring, una de las actrices— y no me dejaban dormir. Cogí un colchón y me fui a otra habitación. A eso de las cuatro de la mañana me despertó un frío intenso y anormal, puesto que la estufa estaba funcionando. Me quedé de una pieza. Mi habitación había cambiado de decoración y en ella había tres personajes: una mujer reclinada en un diván declamaba con los brazos extendidos, un hombre le daba la réplica y otro más escribía sobre una mesa. Asistí expectante a la escena que se desarrollaba ante mis ojos —sigue contando Andrea—, y lo más curioso fue que, en un momento determinado, los tres se volvieron a mí para mirarme y me sonrieron, y después cada uno continuó con lo que estaba haciendo».

La filosofía oriental siempre ha mantenido que el espacio y el tiempo son creaciones de la mente. Sus experiencias místicas les llevaron al conocimiento de que estas nociones dependían del estado de conciencia individual. Curiosamente, este concepto refinado sobre el tiempo y el espacio tiene mucho que ver con la física moderna, que nos dice que la medición tanto del espacio como del tiempo es relativa. La teoría de la Relatividad implica que las coordenadas espacio-tiempo son elementos de un lenguaje utilizado por el ser humano para descri-

---

[49] *The Ghostly Register*, ob. cit., 1986.

bir el entorno en el que vive. Andrea Haring se despertó por el frío de la habitación y pudo asistir como testigo mudo a una escena que se estaba desarrollando cien años atrás. Pasado, presente y futuro podrían ser tan sólo un presente continuo.

El bucle en el tiempo

Por mucho que se oponga el sentido común, los viajes a través del tiempo se encuentran avalados por las leyes de la física moderna. El viaje al futuro no plantea problema alguno. La teoría de la Relatividad predice que, con aceleración suficiente, unos astronautas podrían abandonar la Tierra y regresar, pasados unos decenios, sin que hubiesen envejecido más que un par de años.

En cuanto a viajes al pasado, es necesario considerar el concepto de tiempo, según lo entienden los físicos. El doctor Ramos Jacomé, físico y miembro del Grupo Hepta, explica cómo los estudios sobre mecánica cuántica no sólo no prohíben los viajes a través del tiempo, sino que los facilitan y resuelven estas paradojas.

Las partículas que se producen en los aceleradores de partículas viajan durante 10 segundos elevados a menos 42, hacia el pasado. En nuestro entorno, afirma el profesor Ramos Jacomé, hay partículas que viajan hacia atrás en el tiempo, y la idea de volver al pasado no constituye ningún disparate lógico, muy al contrario, es consecuencia inevitable de principios físicos fundamentales.

El sensitivo Matthew Manning nació en 1955 y está considerado como uno de los grandes sensitivos contemporáneos. No sólo es capaz de producir efectos físicos, sino que además es un médium reconocido y un afamado sanador. Ha sido investigado por el doctor Owen de la Universidad de Cambridge y por el premio Nobel Josephson.

Cuenta Manning que acudió a una casa inglesa porque los propietarios creían tener fantasmas. Manning, en estado de trance, se puso en contacto con la entidad y cuál no sería su sorpresa cuando el fantasma le contó que estaba aterrorizado porque «en su casa tenía unos fantasmas rarísimos». En otras palabras: el fantasma estaba viviendo en su época, en su tiempo, y para él, los dueños actuales de la casa eran fantasmas del futuro mientras que él era un fantasma del pasado para los actuales propietarios.

Cuenta la historia de la parapsicología que el gran escritor alemán Johann Goethe cabalgaba por el camino de Drusenheim cuando vio acercarse a su encuentro a otro jinete. El caballero no era otro sino él mismo, vestido con un traje verde pálido y oro, desconocido para él. Caballo y caballero desaparecieron ante sus ojos envueltos por el polvo del camino.

Ocho años después, Goethe volvió a hacer ese mismo recorrido a caballo y curiosamente llevaba puesto un traje verde pálido, tal y como se había visto a sí mismo ocho años antes. O bien tuvo una premonición del futuro, o bien el jinete vestido de verde era el fantasma de sí mismo que había viajado en el tiempo.

Una de las experiencias humanas más misteriosas es la percepción del tiempo. El tiempo y el calendario son un invento humano para vivir la vida de un modo más pragmático. El tiempo es algo que fluye. Tendríamos que preguntarnos: ¿qué es realmente el tiempo? ¿El astronómico o físico, el codificado y determinado por los aparatos de medición en relación con el movimiento de los astros? ¿Quizá el biológico, que rige el metabolismo celular? ¿O ese tiempo psíquico condicionado por nuestra emotividad? ¿Son realmente el pasado, presente y futuro un presente eterno? ¿Podríamos, como algunas partículas, viajar hacia el pasado? Y, por último, ¿podrían los fantasmas ser el resultado de la posibilidad de viajar en un espacio-tiempo deformable?

La materia no es impenetrable

A través de los miles de testimonios recogidos, los fantasmas parece que pueden aparecer y desaparecer con gran naturalidad. ¿Quién no ha escuchado alguna vez la expresión «los muertos se filtran por las paredes»?

En la física actual, la masa ya no se asocia con una sustancia material, sino con fardos o paquetes de energía que forman las estructuras nucleares, atómicas y moleculares que, a su vez, construyen la materia, haciéndonos creer así que está compuesta de alguna sustancia sólida.

A nivel atómico, los átomos se componen de partículas, y estas partículas tampoco están hechas de sustancia material. Lo que nosotros observamos como materia sólo es un hervidero de paquetes de energía. La materia no es impenetrable. Ni las moléculas ni los átomos se ajustan perfectamente. Entre ellos quedan los espacios intermoleculares y los espacios interatómicos.

Si el fantasma estuviera constituido por corpúsculos de masa inferior a la masa de las partículas atómicas, y a su vez inferior a la de las moléculas, el fantasma podría atravesar la materia con facilidad, lo mismo que un puñado de arroz desciende y atraviesa un montón de pelotas de ping pong o de tenis colocadas en forma de pirámide. La tradición literaria y cinematográfica tenía razón. Según los nuevos conceptos científicos, ya sabemos cómo los fantasmas podrían filtrarse por las paredes.

Por otro lado existe el «efecto túnel» en la mecánica cuántica. Consiste en la comprobación de cómo un electrón puede pasar de un punto a otro sin recorrer el espacio intermedio o barrera que existe entre ambos.

Según las mediciones efectuadas en distintas universidades y centros de investigación, como la Universidad de Berkeley, en California, o en el Laboratorio Europeo de Física de Partículas, que se encuentra bajo el macizo del Jura, en la frontera franco-suiza, se ha podido comprobar que la partícula atraviesa el espacio instantáneamente, apareciendo al otro lado de la barrera, con una velocidad superior a la de la luz.

Esta materialización y desmaterialización, que se realiza en la práctica física, podría aplicarse al fenómeno de la fantasmogénesis y explicaría la habilidad de los espectros para atravesar los cuerpos sólidos.

¿Por qué a veces vemos a los fantasmas?

Toda realidad observada se compone de energía electromagnética que se manifiesta de muchas maneras. Consideramos que el cuerpo es algo físico y que la mente no es física, pero quizá el cuerpo y la mente son la misma cosa, es decir, energía, que se manifiesta de forma distinta pero que no es observable por nuestros sentidos porque su frecuencia no nos es perceptible. Todos sabemos que nuestros ojos sólo captan una parte muy pequeña del espectro electromagnético. No somos capaces de percibir ni las microondas, ni los rayos infrarrojos, ni los ultravioleta, ni los rayos X, ni mucho menos los gamma. Por eso los fantasmas no lo tienen fácil cuando quieren aparecerse. Su composición no es visible para nosotros.

Aunque un espíritu no sea físico, puede actuar en nuestro mundo físico como lo hacen las líneas de fuerza electromagnéticas.

La presencia de espíritus y fantasmas ha estado tradicionalmente relacionada con la sensación de frío. Esta impresión y los escalofríos por la columna vertebral han sido denunciados por gran número de testigos, en los días calurosos del verano o en lugares cerrados y sin corrientes de aire. Curiosamente, cuando alguien entra en contacto con una fuente de electricidad estática, el pelo se le pone de punta y la carga eléctrica produce sobre la piel un viento iónico que además del frío puede ocasionar a la persona la sensación de que la están tocando.

Si utilizamos iones concentrados podemos crear imágenes tridimensionales. Estas formas se harían visibles como el plasma, y el resultado sería una energía eléctrica brillante y luminosa, como las luces de neón. ¿Podrían los fantasmas estar constituidos por energía electroestática e iones concentrados?

Otra hipótesis que se baraja es que para hacerse presentes, para que los podamos ver, los fantasmas absorberían energía térmica del ambiente, es decir, calor, transformándola en energía lumínica y radiante, consiguiendo así entrar en la porción del espectro electromagnético que nuestros ojos pueden percibir. En este caso, el proceso de absorción de calor es el que produciría la sensación de frío en el espectador.

A veces, mediante la fotografía, podemos captar este proceso, toda vez que la película fotográfica normal de 100 ASA posee una cierta sensibilidad en el campo ultravioleta, y este campo está en el extremo superior y es la zona fría del espectro luminoso.

Si se utiliza flash o lámpara de destello al realizar las fotografías, esta energía sumada a la captada por el propio fantasma puede reforzar la posibilidad de que su presencia aparezca impresa en la película.

¿Existen lugares favoritos para los fantasmas?

Joshua P. Warren, miembro de un equipo de investigación de Carolina del Norte,[50] habla en su libro *How to Hunt Ghosts*, de los lugares WARP (fácilmente susceptibles de sufrir apariciones de fantasmas, en sus siglas en inglés). Asegura que algunos lugares tienen una actividad geomagnética anormal. En ellos se distorsionan las leyes conocidas de la física y la realidad no se comporta normalmente. Lo de arriba se convierte en abajo y lo de dentro en fuera. En estos lugares de la Tierra, el tiempo se paraliza o se desmadra y las mediciones de campos magnéticos pueden indicar desde la ausencia casi total del campo hasta unas lecturas muy superiores a la normalidad.

Estas alteraciones en las medidas del campo magnético suelen coincidir con los testimonios de presencias reiterativas, movimientos de objetos, aportes, murmullos de conversaciones y otros fenómenos frecuentes vinculados a la aparición de fantasmas. Todavía se desconoce si el fantasma es el que provoca el comportamiento errático y fluctuante de los campos o son estas alteraciones las que facilitan su materialización.

[50] Joshua P. Warren, *How to Hunt Ghosts*, Simon & Schuster, Nueva York, 2003.

Para los esotéricos existen actividades espirituales alrededor de los espejos, sobre todo si dos espejos se encuentran enfrentados. Creen que los dos espejos enfrentados concentran mayor energía, y esta energía podría ayudar a los fantasmas en su materialización. También se cree que los dos espejos, frente a frente, con la repetición de sus imágenes, podrían producir una puerta energética por la que podrían acceder las entidades a nuestra realidad. Este recurso ha sido utilizado por muchos autores literarios: Alicia entró en el País de las Maravillas a través de un espejo, y la madrastra de Blancanieves se comunicaba a través de uno de ellos para asegurarse de su belleza.

Un lugar WARP, es decir, con alteraciones físicas, no tiene la exclusividad de las apariciones fantasmales. Estas entidades pueden aparecer en casas modernas y en lugares públicos, como una cafetería, una peluquería, una oficina, un hotel o un teatro. La clave está en el pasado del lugar y de sus habitantes. No hay que vincular a los fantasmas con lugares tétricos y desagradables. A pesar de la tradición, en los cementerios es donde menos fantasmas se aparecen. Los restos mortales tienen poco atractivo para ellos, y sin embargo son muy sensibles a las rencillas familiares, a la existencia de un nieto, a sus papeles, documentos y propiedades, a un amor de juventud, al entorno familiar y conocido en el que vivieron o al maravilloso afán de ayudar a los que todavía permanecemos aquí.

Testimonios y experiencias con fantasmas siguen llegando a los investigadores. El fenómeno está vivo desde la más remota Antigüedad. De momento, y mientras encontramos la clave del enigma, deberemos mantener una actitud mental lo suficientemente flexible como para continuar la búsqueda de nuevas teorías y modelos.

POLTERGEIST

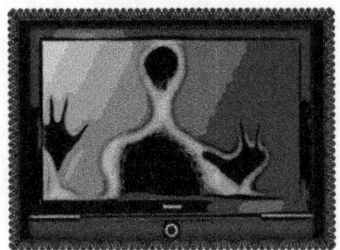

En todas las culturas populares los duendes aparecen como personas pícaras que pueden provocar trastornos domésticos inexplicables. Ya los romanos adjudicaron a los dioses lares la responsabilidad de librar a las casas de estos molestos personajes.

Los alemanes creían en los *kobbold*, que a veces se hacían visibles y ayudaban en las tareas domésticas cuando los dueños se ausentaban, y, en ocasiones, juguetones y traviesos, creaban auténticos desaguisados mientras resonaban sus risotadas por todos los rincones de la vivienda.

Para los eslavos, los *domovai* también provocaban desastres en el hogar. Los árabes creían a pie juntillas en las facultades fantásticas de los *djinns*, y los persas tenían buen cuidado de no molestar o enfadar a los *gennis*, ya que podían vengarse de inmediato rompiendo la vajilla, haciendo bailar los muebles o produciendo ruidos propios del infierno.

Es curioso, porque estas descripciones de textos antiguos y de leyendas ancestrales se ajustan muchísimo a lo que en parapsicología se denomina «síndrome de Poltergeist». *Poltergeist* es una palabra alemana que significa «duende travieso».

Para la parapsicología, un poltergeist es un conjunto de fenómenos que coinciden en el espacio y en el tiempo, y junto con las casas encantadas son los fenómenos más apasionantes e inquietantes de nuestra investigación. Los casos de poltergeist pueden manifestarse con fenómenos muy variados, tan variados que pueden convertirse para el parapsicólogo en un muestrario maravilloso: cacharros que vuelan, golpes en las paredes, esferas de luz, formas luminosas, susurros apagados, pisadas que suben y bajan una escalera, fuegos espontáneos, dibujos insólitos, perfumes inesperados y hasta lluvia de piedras.

Hay personas que carecen de la información adecuada sobre el fenómeno paranormal y cuando se enfrentan a las características espectaculares del poltergeist consideran que sólo pueden ser manifestaciones del Más Allá, del mundo espiritual o de ultratumba. Nada más lejos de la realidad: un poltergeist siempre está causado por el psiquismo de una persona viva, por una mente que no sabe dar el cauce adecuado a problemas conscientes o inconscientes y que provoca en su entorno fenómenos de efectos físicos a través de un mecanismo aún desconocido.

En una tienda de regalos de una ciudad cercana a Madrid comenzaron a aparecer unos personajes extraños: monjes encapuchados y figuras oscuras que sólo la dueña era capaz de percibir. También un objeto de la exposición salió volando para depositarse después dulcemente en otro de los anaqueles.[51] Tras varios días de investigación se descubrió, casi por azar, que el marido de la dueña estaba a punto de abandonarla y esta situación dolorosa provocaba en ella un estado agudo de preocupación e inestabilidad psicológica.

El ser humano puede resolver las represiones o frustraciones de muchas maneras. Unas veces demostrará directamente

---

[51] Caso Grupo Hepta, 1991.

sus emociones, descargando la agresividad al exterior, y otras negará que el problema existe, no querrá asumirlo y se enquistará en el inconsciente. Sentimientos de culpabilidad, frustraciones, conflictos sexuales o religiosos, factores de inadaptación, cualquiera de estas situaciones puede desencadenar un poltergeist provocado por el inconsciente sobrecargado.

En 1992, y en pleno centro de Madrid, una mujer y sus hijos no podían dormir por las noches porque sus camas vibraban, se veían sombras oscuras deambular por las habitaciones y, sorprendentemente, la madre aseguraba ver a los pies de su cama un tucán enorme y colorista y un mono con gualdrapas de oro, como los animales de compañía de *Las mil y una noches*.[52]

Lo pintoresco de la historia podía hacer pensar en una tomadura de pelo, en un fraude, o en una locura temporal y contagiosa, pero poco a poco se fue desenredando el ovillo...

A pesar de que el matrimonio estaba separado, el marido había prestado su casa a su mujer e hijos mientras que a éstos les remodelaban su nuevo hogar. Temporalmente, él se fue a dormir al despacho, y aunque su generosidad le privaba de intimidad y de la natural comodidad cotidiana, siempre creyó que sería por poco tiempo. En realidad no fue así. Pasaron unos meses, incluso le dio tiempo a viajar a la India y a su vuelta comprobó que su familia seguía atrincherada en su casa. Lo que se prometía como una estancia corta y temporal se había convertido en una situación muy incómoda. En apariencia permaneció sereno y calmado, pero su inconsciente empezó a liberarse de la tensión asustando a los que él ya consideraba como intrusos, con la proyección de

---

[52] Caso Grupo Hepta, 1992.

las imágenes que su mente había archivado en su reciente viaje a Asia.

Para comprender mejor la complejidad de los fenómenos que pueden presentarse en un poltergeist o en una casa encantada, habrá que recorrer con algún detenimiento cada uno de ellos. Su enumeración no pretende ser exhaustiva, pero este listado con intención didáctica sí puede orientar al lector más fácilmente por el mundo extraordinario de lo paranormal.

FENÓMENOS ACÚSTICOS: RAPS Y MIMOFONÍAS

En parapsicología llamamos «raps» a los sonidos que se producen por un origen desconocido. Pueden ser ruidos de golpes en una pared o dentro de un armario. Cuando los sonidos o ruidos corresponden a determinadas acciones que no se producen y que sólo resultan ser una imitación, hablamos de «mimofonías».

La verdad es que a lo largo de nuestras investigaciones hemos recogido incidencias sonoras de todo tipo: llantos de niños, cristales rotos, estallidos de burbujas de aire, corrimientos de muebles, el ruido que hace el papel de celofán cuando se arruga, estruendo de vajillas, golpes en las paredes y hasta el rodar de canicas... Incluso en un caso que investigó en Málaga el Grupo Hepta,[53] la familia no podía dormir por las noches por el ruido atronador producido por una moto de gran cilindrada recorriendo el pasillo. Era un chalé frente al mar, encaramado en una colina, con cierto aire de fortaleza, y aislado por un entorno boscoso.

---

[53] Caso Grupo Hepta, Málaga, 1987.

FENÓMENOS DINÁMICOS: MOVIMIENTOS DE OBJETOS

Podríamos decir que los efectos dinámicos son consustanciales a los poltergeist. Este fenómeno se llama en parapsicología «telekinesia».

Con motivo de la muerte violenta de un hijo y durante muchos días, en una casa estuvieron cayéndose de las estanterías las fotografías en las que él aparecía.[54]

En otro caso[55] que tuvimos fuera de Madrid, el triciclo del más pequeño de la familia se desplazaba por el pasillo sin que nadie lo guiara, las persianas se subían solas y la alfombra de uno de los cuartos se enrollaba inexplicablemente. Aquella casa era bastante curiosa, tanto como sus habitantes, porque uno de los hijos afirmaba impasible que todas las noches mantenía largas conversaciones con la calavera de una vaca que tenía colgada en su cuarto. No crean que este caso es estrambótico, tuvimos otro en el que la mujer nos juraba que la nevera y los relojes le hablaban a todas horas y que por ello había tenido que desconectar estos aparatos, con el consiguiente caos familiar.

Un nieto travieso

Una mañana de 1987 nos llamaron con urgencia desde una ciudad de Castilla-La Mancha.[56] Un niño tenía la costumbre de pasar el fin de semana en casa de su abuela, en donde disfrutaba de sus mimos y sus atenciones. Sin embargo, uno de los

[54] Caso Grupo Hepta, Las Rozas (Madrid), 1989.

[55] Caso Grupo Hepta, Palencia, 1991.

[56] Caso Grupo Hepta, 1987.

fines de semana no transcurrió como los demás. Cuando el pequeño desayunaba mientras veía dibujos en la tele, la casa cobró vida propia de repente y muchos de sus elementos, que hasta entonces habían estado naturalmente estáticos, se pusieron en movimiento de una forma anárquica: el aparador del comedor abrió las puertas y vomitó su contenido de copas y platos, los cuadros saltaron de sus escarpias y un ventilador, en un insólito impulso de libertad, arrancó el enchufe de la pared con ansias de volar.

La abuela y el nieto, creyendo que se trataba de un terremoto, salieron al descansillo pidiendo ayuda. Hubo una anécdota divertida: cuando la policía acudió a la casa a requerimiento de algunos vecinos, que pensaron que el jaleo se debía a un asalto de malhechores, los guardias se sentaron a una mesa camilla —la misma en la que el niño había estado desayunando unos momentos antes— para rellenar el parte. Mientras cumplimentaban el formulario, un frasco de pastillas de la abuela se desenroscó solo, lentamente, para proyectar después una lluvia de cápsulas multicolores ante los ojos de la autoridad, autoridad que abandonó precipitadamente la casa alegando que ese tipo de cosas no entraba en su jurisdicción.

Pudimos comprobar el desastre cuando llegamos. La abuelita era tierna y afable, y el nieto, un morenito de cara traviesa. Durante la larga conversación que mantuvimos con ellos, averiguamos que el niño ya había producido otros incidentes en una zapatería cuando iba de la mano de su abuela, pero que jamás había ocurrido nada anómalo ni en el colegio ni en casa de sus padres. ¿Por qué se producían los fenómenos cuando el niño se reunía con la abuela? ¿Qué energías misteriosas y desconocidas actuaban cuando precisamente los dos estaban juntos?

Rosenheim

Pensando que puede ser un ejemplo —casi prototipo— del fenómeno poltergeist de nuestros días, paso a relatar el caso Rosenheim,[57] recogido en todos los tratados de parapsicología moderna, no tanto por su fenomenología, que sigue las pautas habituales de un poltergeist, sino porque fue posible investigarlo a fondo con medios actuales.

Rosenheim es una ciudad situada en Baviera, Alemania. Se trata de un centro industrial muy importante, ya que cuenta con una potente industria dedicada a la piel y la madera, además de ser un nudo clave de comunicaciones.

En 1967 el señor Adams, abogado, tenía su bufete en Rosenheim y en él trabajaban dos administrativos y algún que otro colaborador. Todo empezó a finales de noviembre con el apagón repentino de un tubo fluorescente. El señor Adams llamó al electricista y éste le advirtió de que al tubo no le pasaba nada, simplemente había girado 90° en su rosca y esto había producido su desconexión. En realidad, nadie hubiera dado importancia a este hecho si la avería no se hubiese repetido varias veces, con gran fastidio para el electricista.

A los pocos días nuevos fenómenos empezaron a ocurrir en el bufete: los fusibles saltaban, las bombillas se desenroscaban, la multicopista se puso a escupir la tinta, los calendarios volaban y los teléfonos no paraban de sonar sin que nadie contestara al otro lado de la línea.

Cansado de lo que él creía era una broma pesada, Adams denunció el hecho a la policía y avisó a los técnicos de las

---

[57] Scott Rogo, *The Poltergeist Experience*, Penguin Books, Nueva York, 1979.

compañías de la luz y del teléfono. Los de la compañía eléctrica descubrieron unas cargas asombrosas —hasta de 50 amperios para aquellas acometidas, cuya absorción normal era de 1 o 2—. Sospechando que por gastar una broma alguien podía haber conectado cargas adicionales, se desconectó la oficina de la red general de suministro eléctrico e instalaron una red independiente susceptible de ser vigilada con total garantía. Su asombro no tuvo límites cuando, a pesar de todo, las sobrecargas seguían produciéndose bajo su control.

Es entonces cuando todos empiezan a darse cuenta que los fenómenos se desarrollan en la proximidad de Anne Marie Scharbel, de 19 años. Al paso de Anne Marie las bombillas estallan, los cuadros se mueven, las lámparas oscilan hasta llegar al techo con sus vaivenes y en una ocasión un fichero de 90 kilos se desplazó 30 centímetros con gran estruendo.

A la llamada del abogado Adams, acudieron al bufete el doctor Karger y el doctor Zicha, profesores de Física del Instituto Max Planck, así como el profesor Hans Bender, director del Instituto de Friburgo para la Investigación de las Zonas Limítrofes de la Psicología.

Mientras los calendarios volaban por la oficina, se abrían los cajones de los archivos y los cuadros se desenganchaban de sus escarpias, los investigadores filmaron el fenómeno, estudiaron todos los elementos y llegaron a ciertas conclusiones: los fenómenos no podían explicarse por la física conocida, y existía una relación comprobada entre los fenómenos y la presencia de Anne Marie.

Nunca un caso de poltergeist fue estudiado con tanta precisión... ¡y nunca unos expertos quedaron tan perplejos!

La angustia de cuatro hermanas

Recibimos una llamada angustiada desde la provincia de Badajoz. Una voz de mujer nos pedía ayuda porque ocurrían cosas en la casa que no comprendían.[58] Dada la magnitud de los hechos que ocurrían, nos pusimos en camino.

Nos recibieron cuatro chicas jóvenes, la mayor de 27 años. La historia que nos contaron alrededor de la mesa camilla era una tragedia familiar digna de un drama rural del 98. Hubo un bisabuelo que después de perder a tres hijos en la guerra decidió quitarse la vida a cuchilladas y, al no conseguirlo, se dejó morir de hambre en el pajar.

Años más tarde, los abuelos compraron esta casa y la colindante; disfrutaban de medios económicos y de respeto y buena reputación entre sus vecinos. Pero su hija, la madre de las chicas, se enamoró de un hombre aventurero, atractivo y mujeriego, con el que se casó, en contra de la voluntad de sus padres. Mientras el marido se dedicaba a viajar por España y Marruecos como constructor, ella le esperaba siempre en casa de sus padres, engendrando un hijo tras otro. Un buen día el padre decidió abandonar a la madre y a los seis hijos, y éstos se vieron obligados a depender de los abuelos, que hicieron un calvario de la convivencia.

Cuando tomamos contacto con estas chicas, vivían solas en una típica casa encalada de pueblo. Un hermano estaba cumpliendo el servicio militar y el otro pequeño, de 16 años, vivía con unos tíos que se habían ocupado de él desde siempre. Hacía diez meses que la madre había fallecido, diabética y con cáncer de útero, a los 54 años. Estaban destrozadas.

---

[58] Caso Grupo Hepta, 1995.

Cuando conseguimos anular su recelo, nos contaron que muchas noches oían en la cocina el ruido de una cuchara remover el tazón de cacao —el mismo ruido que hacía el abuelo antes de acostarse—, y que las cortinas de abalorios se recogían solas. En el patio, unos barreños llenos de agua y preparados para el aseo se volcaron con tanta fuerza que se rompieron.

Mientras la madre estaba en el hospital, un plato lleno de harina saltó por el aire y se volcó todo su contenido, y otro que estaba colgado en la pared salió volando y se estrelló contra la pared opuesta. Se les encendía solo el mando del gas de la cocina, y las cortinas se incendiaron en dos ocasiones.

Confesaron haberlo pasado muy mal con la enfermedad de la madre, y a su muerte se preguntaron con angustia qué iba a ser de ellas.

Está claro que ninguna de las hijas ha asumido la pérdida de su madre. Se preguntan una y otra vez, con rebeldía interior, por qué su madre fue tan desgraciada.

El caso de Palomeras

En esta ocasión nos encontramos con la casa vuelta del revés.[59] Los sofás estaban volcados con las patas hacia arriba y las plantas fuera de los tiestos, con la tierra desparramada. Nos contaron que la ropa tendida aparecía en otros lugares de la casa, que unas zapatillas salieron volando y que vivían sobresaltados a causa de las puertas que se abrían y se cerraban solas. La abuela, que vivía con ellos por temporadas, era el verdadero blanco de los fenómenos. La empujaban hasta hacerla

---

[59] Caso Grupo Hepta, 1999.

caer, y la silla en la que se sentaba habitualmente, más de una vez levitaba y la llevaba en volandas por toda la casa, ante la sorpresa y el horror de todos los miembros de la familia.

Después de analizar a todos los habitantes de la casa nos fijamos especialmente en el hijo pequeño, de 18 años, y cuyo retraso mental exigía cuidados permanentes de la madre. Cuando este chico iba a pasar el día a casa de unos tíos, también allí se producían algunos fenómenos.

Supusimos que deseaba llamar la atención, no quería asistir al colegio especial, y la abuela, cuando estaba en la casa, acaparaba la atención de su madre, y por eso la rechazaba.

Una peluquería con duende

Aunque sea de pasada, no me resisto a relatar uno de esos casos que siempre nos sorprenden. Esta vez era una peluquería,[60] un lugar que todos creemos de paso y funcional. Nada que ver con el escenario de un núcleo familiar.

La dueña del negocio nos llamó asustada porque los frascos se movían solos delante de las clientas, otras veces aparecían juntos en los extremos de las baldas, el teléfono se descolgaba y las sillas donde se lavaba el pelo a las señoras cabalgaban una encima de otra.

Varias conversaciones a lo largo de días nos revelaron que la dueña estaba pasando por una crisis emocional muy fuerte provocada por una ruptura sentimental, y ese estrés que estaba sufriendo lo proyectaba inconscientemente en el lugar de trabajo.

---

[60] Caso Grupo Hepta, 1999.

La taberna

Un poltergeist puede ocurrir también en una taberna, sobre todo si alguno de los que trabajan en ella tiene motivos para estar alterado.[61]

Acudimos al local a última hora para evitar a la clientela. La anécdota del caso para nosotros fue el recibimiento que nos dispensaron. Al abrirnos la puerta se quedaron muy sorprendidos por lo normal de nuestra apariencia. Me temo que esperaban ver a un grupo pintoresco, con túnicas tornasoladas y sombreros de estrellas. Menos mal que esta decepción inicial no enrareció nuestra relación.

Nos contaron que habían estallado varias jarras de cerveza, que una cuchara había volado, que habían tenido varios episodios de movimientos de objetos y que el último les había preocupado mucho porque un cuchillo había salido disparado de su soporte y había quedado clavado en la pared opuesta.

La taberna estaba en el interior en unas galerías comerciales en las que, cuando cerraban, la vida dejaba de fluir. En un barrido de vídeo, Piedad Cavero llegó a captar varias esferas semitransparentes —orbs— en la galería comercial. Los dueños se quejaban de que estaban en una situación límite porque no encontraban comprador para el local; nadie estaba dispuesto a pagar el precio que pedían por él.

Les recomendamos serenidad y rebajar la ansiedad en lo posible, porque su angustia se sumaba a la inquietud del personal, que veía en peligro sus puestos de trabajo.

---

[61] Caso Grupo Hepta, 1991.

FENÓMENOS ÓPTICOS

Junto a los fenómenos dinámicos, los fenómenos ópticos son los más espectaculares. Me refiero a la percepción de bolas de luz, de resplandores o de personajes.

Raro es el país que no tiene una Dama de Blanco en su geografía. Existe la tradición de un fantasma que se aparece en el castillo de Ausbach cada vez que va a ocurrir una desgracia en la familia. En la plantación Rose Hall de Jamaica se pasea una mujer con túnica vaporosa, y en México, en las Chapas del Corzo, vaga por las ciénagas Huehuelcigual, una madre que dicen que asesinó a sus hijos.

La Casa de las Siete Chimeneas

Madrid tiene también a su Dama de Blanco en la calle de las Infantas, en la Casa de las Siete Chimeneas.[62] Se dice que es la joven esposa de un capitán de Flandes que murió en el campo de batalla.

Mesonero Romanos dejó escrito que esta casa debió de ser «una hermosa casa de campo rodeada de extendidos jardines y huertas allá por el siglo XVI». Un montero del rey Carlos I fue el que la mandó construir para su hija Elena. Las malas lenguas aseguraron que el príncipe Felipe tenía mucho que ver con Elena. El caso es que esta bella joven se casó con el capitán Zapata y en esta casa vivieron al principio de su matrimonio. Poco duró, sin embargo, esta relación amorosa, porque con

---

[62] Ángel del Río, *Duendes, fantasmas y casas encantadas de Madrid*, La Librería, Madrid, 1999.

motivo de la batalla de San Quintín, el capitán Zapata tuvo que partir para Flandes y pocas semanas después la bella Elena recibió la noticia de su fallecimiento. Desde ese momento Elena dejó de comer y por las noches se paseaba por la casa con una vela en la mano, bajando la escalera para asomarse a la ventana y esperando todavía el regreso de su esposo. A los pocos días Elena apareció muerta en su alcoba. Nadie sabe qué ocurrió y las especulaciones corrieron como la pólvora. La noticia del fantasma de Elena paseándose por el palacio fue el tema de conversación favorito en todos los mentideros de la Villa y Corte. Algunos testigos dicen haberla visto haciendo su habitual recorrido por la escalera, con el pelo suelto y la vela en la mano.

Podríamos considerar que estas visiones se vinculan a un lugar y tienen relación directa con su historia. En un castillo maravilloso de la provincia de Jaén,[63] un caballero medieval se pasea de vez en cuando por el patio central, y escribo en presente, porque parece ser que sigue haciéndolo cuando le apetece. Toda la familia se ha acostumbrado a convivir con el personaje. Este caso pudimos investigarlo con una condición impuesta por los propietarios: debíamos respetar al fantasma y no molestarle en sus paseos.

El caso de los enanos

No todos los casos de poltergeist son así de sosegados. También a veces nos encontramos con grandes dosis de agresividad y de problemas mentales. Aunque debo aclarar que

---

[63] Caso Grupo Hepta, 1995.

Un triángulo amoroso en el cementerio de San Miguel.

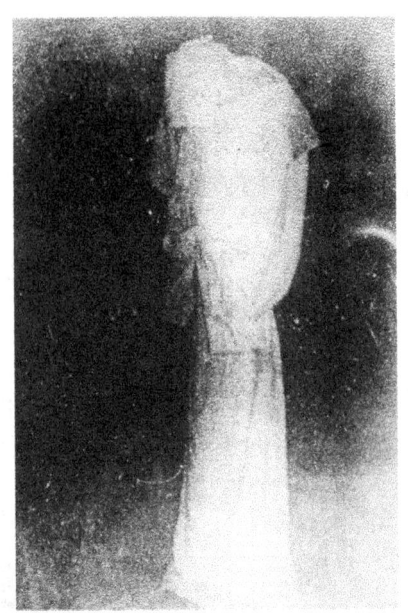

El fantasma de Le Prieuré.

La autora con la médium Joyce Morgan.

**Paloma Navarrete y el médium Daniel Chumillas invocando al fan-
tasma de la leontina.**

Los fantasmas del juez y el alquimista en el espejo.

Los efectos del poltergeist de Palomeras.

Piedad Cavero graba la investigación del poltergeist de Palomeras.

Las dos niñas del Palacio de Linares.

Un efecto paranormal en el comedor del Palacio de Linares.

Un efecto paranormal en el despacho del marqués de Linares.

El padre Pilón en la capilla del Palacio de Linares.

Paloma Navarrete se asoma por un hueco hecho en el pladur en una de las paredes del Museo Reina Sofía, donde se descubrieron tres tumbas.

Fenómeno paranormal captado en uno de los dormitorios del chalet del caso Chenta.

Los físicos José Luis Ramos y Lorenzo Plaza con el detector de metales en el local El Baúl del Monje.

El cabecero de cama que se atravesó en el dintel de una puerta en El Baúl del Monje para impedir el paso de los parapsicólogos.

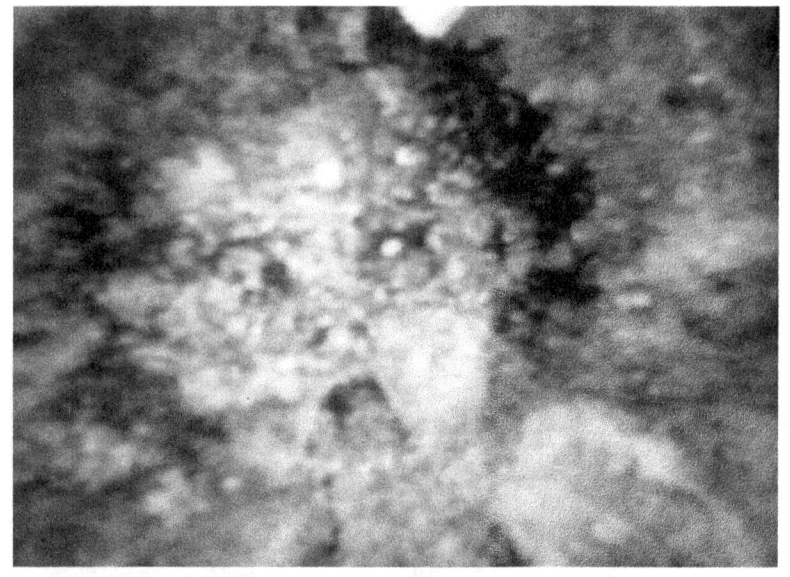

La cara del niño aterrado de Bélmez.

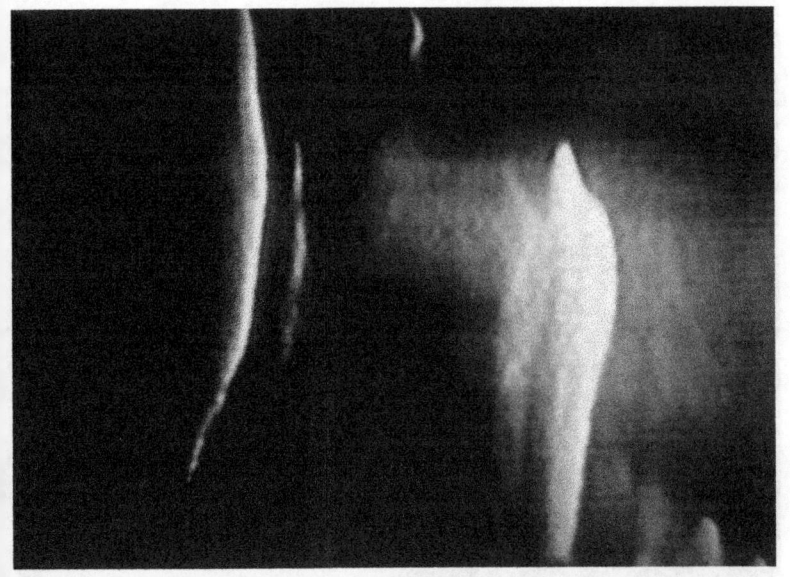

Psicoimagen captada por Piedad Cavero.

Fotografía del cementerio alemán de Yuste, tomada por Daniel Chumillas, en la que se puede ver en primer plano la respuesta a una oración.

nunca esta agresividad viene dada por los fantasmas, sino por los protagonistas vivos de la historia.

Un día de 1996 el Grupo Hepta recibe la llamada de un sacerdote muy preocupado por los hechos que están ocurriendo en casa de unos feligreses de su parroquia.[64] Es una historia de padres e hijos, de resentimientos y de frustraciones, y también de enanos...

La casita era adosada, de doble planta, y en ella vivía un matrimonio con 5 hijos, el mayor de 18 años y el pequeño de 6. Nos contaron que oían lloros de niño por la noche, que las camas se movían y que la segunda hermana, de 14 años, decía haber visto, apoyados en su almohada, a unos enanitos de pelo rizado, piel verdosa y una nariz muy gorda.

A lo largo de una conversación aparentemente desenfadada, nos enteramos del ambiente enrarecido que existe entre los miembros de la familia. El padre es un ex alcohólico y la madre ha sacado adelante a la familia con su trabajo y su sacrificio.

Los enanos vuelven una y otra vez a la conversación. Todos los chicos han aceptado que son los enanos los causantes de los fenómenos, y es entonces cuando el comentario de una de las niñas nos sobrecoge: los enanos le dicen constantemente que haga daño a su madre y que la mate. La madre estaba aterrada porque en dos ocasiones se había sentido empujada por la espalda y en una de ellas se había caído rodando por la escalera.

Nunca supimos el origen del odio y el resentimiento de los hijos hacia los padres. El padre se había rehabilitado y la madre seguía ejerciendo su papel, el mismo de siempre: sacar adelante a la familia con su trabajo. ¿Por qué los hijos odiaban a la madre? ¿Por qué habían creado unos enanos para representar ese odio?

---

[64] Caso Grupo Hepta, 1996.

FENÓMENOS OLFATIVOS Y TÁCTILES

Tradicionalmente, existen en la mística el perfume de rosas y otras flores como indicio y revelación de la presencia divina. También muchos santos nos han contado sus experiencias desagradables con el maligno, que siempre les anunciaba su presencia con hedores insoportables.

También en parapsicología se recogen las experiencias de ciertas personas que huelen el perfume del ser querido ya fallecido, el olor de su tabaco o sencillamente perciben el olor de flores fuera de temporada.

Muchos han experimentado la sensación de peso sobre ellos, o el roce de una caricia, o un apretón de manos. Algunos cuentan que han sentido un abrazo envolvente, como si de una descarga eléctrica suave se tratara.

En 1998 acudimos a un pequeño estudio fotográfico de una jovencita que había heredado de su abuelo la afición y la técnica, así como el local en el que trabajaba. Sentía a su abuelo cerca casi constantemente: su mano en el hombro, su energía protegiéndola... No tenía ningún miedo porque adoraba a su abuelo y sabía que él estaba cerca de ella como un ángel de la guarda.

FUEGOS ESPONTÁNEOS

Desafiando los conocimientos de la ciencia actual, la combustión espontánea es otro fenómeno desconcertante. Sin ningún aporte de calor o agente químico, objetos y personas pueden entrar en combustión súbitamente.

El fuego es repentino e inexplicable. Es un fenómeno misterioso y aterrador. Se presenta de improviso y la víctima, ajena a la tragedia que se le avecina, puede estar descansando o realizando cualquier actividad cotidiana.

La combustión espontánea humana no sólo implica la combustión parcial o total de un ser humano y el misterio de que el entorno permanezca inalterable, sino que por alguna razón injustificable es un tema tabú para todos los campos profesionales y científicos.

Se ha tratado de explicar este fenómeno por interacciones químicas, por procesos electrostáticos, por el efecto de las cargas eléctricas en una tormenta, por reacciones anómalas de nuestra bioquímica e incluso por la fuerza energética de nuestro interior, lo que los tántricos llaman el fuego Kundalini. Hasta ahora, ninguna de estas propuestas se ha podido demostrar como origen de la combustión espontánea humana.

Hasta ahora no ha habido combustiones espontáneas de personas en los casos de poltergeist, pero en ocasiones se ha observado que algunos objetos —incluso aquellos considerados incombustibles— han ardido y, convertidos en antorchas, han volado por la casa provocando nuevos focos de incendio. Esto les ocurrió a los Tuck.

La casa de los Tuck

Los Tuck vivían en una cabaña de Alabama, Estados Unidos.[65] El 28 de agosto de 1959 diecisiete focos de fuego diferentes convirtieron la vivienda en un infierno. Días antes, los bomberos ya habían acudido, alertados por la familia. En veintidós ocasiones los Tuck se habían visto afectados por las

---

[65] *The Poltergeist Experience*, ob. cit.

llamas. El fuego parecía comenzar en el techo y saltaba a otros elementos sin orden ni concierto. Entraban en combustión objetos incluso como el pan o papeles ignífugos. Los bomberos no podían explicárselo y tuvieron que eliminar posibles fallos eléctricos, cargas electrostáticas excesivas o recalentamiento de los materiales como causas lógicas de los incendios.

Los Tuck eran muy supersticiosos y pronto aceptaron que el fuego tenía un origen paranormal. Apilaron en el jardín la mayoría de sus enseres y los quemaron, creyendo así que terminarían con el maleficio. Se cambiaron de casa y el primer día sufrieron cinco focos de incendio. Era evidente que estas combustiones espontáneas tenían una relación directa con uno o varios miembros de la familia.

Se ha comprobado que, con el paso de los días, el fenómeno de combustión espontánea suele aumentar de importancia, y lo que empiezan siendo unos focos de fuego aislados puede derivar en el incendio generalizado de la casa. Es como si la intención del poltergeist no fuera «atacar» a sus habitantes, sino la destrucción del edificio.

A lo largo de las experiencias que ha vivido el Grupo Hepta en muchos años de investigación, pocos casos han tenido relación con la combustión espontánea.

El hijo arrepentido

Uno de estos casos sucedió en Madrid.[66] La familia estaba compuesta por un matrimonio mayor, una hija que vivía en el

---

[66] Caso Grupo Hepta, marzo 2000.

extranjero y otra soltera que vivía con los padres. Éstos nos contaron con mucho dolor que también habían tenido un hijo varón pero que hacía unos meses había fallecido. Este hijo les había creado muchos problemas por su vida disoluta y había muerto como consecuencia de sus adicciones.

A los dos meses de morir el chico, se cayeron todos sus cuadros y fotografías y un retrato suyo grande se salió de las escarpias y quedó depositado en el suelo, apoyado en la pared. Una noche, mientras los padres y la hermana del fallecido conversaban antes de acostarse, olieron a quemado y llamaron aterrados a los bomberos, porque la habitación del chico se estaba quemando. Las llamas empezaron en las cortinas y continuaron en un montón de cosas apiladas en medio de la habitación. Ese montón estaba compuesto por los objetos personales que todavía los padres conservaban del hijo: ropa, discos, cintas, calzado, etcétera. Ninguno de ellos había reunido conscientemente tales cosas en el centro del dormitorio. Otro dato curioso fue que encontramos las playeras del chico fallecido en el borde de la puerta corredera que daba a la terraza, en posición de salir por ella, una detrás de otra, como queriendo huir del fuego.

En una comunicación mediúmnica, el chico se reconoció autor del incendio y alegó que «quería romper con todos los lazos materiales que todavía le unían con este mundo». Pero nosotros nos preguntamos: ¿los fuegos los causaba el hijo conflictivo o la psicología familiar, que todavía estaba impactada por la vida y muerte de este joven?

Los incendios espontáneos siguen siendo una gran incógnita para cualquier investigador de lo paranormal, pero es una más de las que pueden presentarse en un caso de poltergeist.

Paquito

Recibimos un aviso a través del doctor Jiménez del Oso. Quería que diéramos nuestra opinión sobre un caso que tenía entre manos.[67] Parecía ser un poltergeist, sólo que no había podido identificar todavía cuál de los miembros de la familia lo estaba produciendo.

La familia estaba compuesta por una abuela, viuda, y un matrimonio con un niño de unos 7 años. También había un perrito de lanas, cariñoso y zalamero. La familia se dedicaba a vender verduras en un puesto del mercado. Aparentemente todo era normal entre ellos, pero a lo largo de la entrevista se fueron revelando las personalidades de cada uno.

La abuela era la que tenía el dinero. Era una mujer todavía joven, guapetona, con rasgos agarenos, piel cetrina y moño bajo que recordaba a las mujeres de Romero de Torres. Su actitud con la nuera era de autoridad, y el antagonismo era evidente. Tenía un gran componente histérico. Hablando con nosotros, intentó montar un número de trance, abortado a tiempo por la pericia de Paloma Navarrete.

El hijo, Paquito, extravertido y parlanchín, hilvanaba sin cesar la narración de sus problemas, mezclándolos con todo tipo de historias familiares rocambolescas.

La nuera, sufridora y callada, trataba en todo momento de mantenerse discreta entre el protagonismo de la suegra y de su marido. Cuidaba los detalles. Paquito, el niño de 7 años, inteligente y vivaracho, no tenía ningún miedo a las cosas que ocurrían en la casa. Engullía un bocata gigante delante de nosotros y rehuía a la abuela, por la que no sentía ninguna simpatía.

---

[67] Caso Grupo Hepta, 1996.

Se preguntarán qué sucedía en la casa para pedir ayuda de una manera tan apremiante. Pues bien, la verdad es que ocurrían muchas cosas: los cuadros, sin salirse de las escarpias, se daban la vuelta, algunos objetos se metían solos debajo de las sábanas y las mantas, o viajaban de una habitación a otra. Algunas imágenes religiosas terminaban boca abajo en el cuenco lleno de agua de la rosa de Jericó, y lo más preocupante era que tenían fuegos espontáneos, fuego en los armarios, en las patas de la mesa o en la cama de la abuela. Las llamadas a los bomberos eran constantes, y estos incendios les habían obligado a pintar varias veces la casa.

Muchos de los fenómenos eran un claro ataque a la abuela, ya que su colchón levitaba, aparecían mordeduras en su cuerpo y pintadas contra ella en las paredes del pasillo.

Hicimos dos viajes a Córdoba. Ni las mediciones ni las fotos revelaron nada extraño. Algún miembro de la familia estaba produciendo el poltergeist y teníamos ante nosotros varias posibilidades: la madre sufridora; el hijo con problemas económicos serios y rencor encubierto por ser hijo natural de su madre, con el consiguiente escándalo en el pueblo; la abuela, con un gran sentimiento de culpabilidad por no haber atendido a un hermano suyo cuando lo necesitó, y Paquito, que sabe que la abuela no quiere a su madre, que los trae a todos por la calle de la amargura, que le quita protagonismo, y que además sufre todas las noches en silencio porque le obligan a dormir con ella. Paquito podría desear inconscientemente echar a la abuela de casa.

En el segundo viaje a Córdoba el caso se fue esclareciendo. Teníamos las pintadas de las paredes como prueba, así que les hicimos escribir una frase a cada uno. Paloma realizó un test de Rorschach —láminas que reproducen manchas de tinta, cuya interpretación revela rasgos de carácter, inteligencia y problemas afectivos— a cada miembro de la familia. Clara Tahoces, experta en grafología, realizó el análisis de la escritura. La caligrafía coincidía con la de Paquito. Conscientemente unas veces y otras inconscientemente, Paquito pretendía deshacerse de la abuela.

El final de la historia es un tanto rocambolesco. Era difícil apartar a la abuela del hogar familiar sin causar desavenencias familiares, así que se llegó a una solución al gusto de todos. Empezaron a buscar un novio para la abuela, que todavía estaba de muy buen ver. Encontraron a un candidato que estaba dispuesto. Era un viudo rico con varios hijos. Parecía que la pesadilla había tocado a su fin. Organizamos el viaje para ir a la boda, pero, a última hora, el viudo, asesorado por sus hijos, se echó atrás y dejó a la novia casi al pie del altar. Nos han dicho que todavía sigue la búsqueda del consorte, y no perdemos la esperanza...

AGUA

Dentro de esta serie de fenómenos que podríamos calificar como «agresivos», podemos encontrarnos con precipitaciones incontroladas de agua. Los chorros del líquido pueden surgir de las paredes, el techo o a modo de surtidores del suelo mismo.

Caso Methuen

Fue Raymond Bayless quien en 1963 investigó este caso en Massachusetts.[68] La familia de Francis Martin vivía en Methuen

---

[68] *The Poltergeist Experience*, ob. cit.

hasta que la casa, convertida en una inmensa esponja, empezó a rezumar líquido por todos sus poros.

Fontaneros, bomberos, técnicos de la conducción de agua, todos intervinieron sin éxito alguno. Llegaron incluso a cortar el suministro y drenar las tuberías. El agua, atravesando escayolas y pinturas plásticas, surgía imparablemente.

Según los testigos, siempre se oía un pequeño gorgoteo antes de que el agua irrumpiera en la habitación. Incluso en los días en los que parecía que no ocurría nada, el grado de humedad de la casa se elevaba de tal manera que hacía el ambiente totalmente irrespirable.

Los Martin buscaron refugio en casa de los suegros, pero como ocurre siempre en un poltergeist, el fenómeno se trasladó con ellos y allí se reanudaron las inundaciones.

Finalmente volvieron a instalarse en su casa de Methuen. Tan misteriosamente como había surgido, poco a poco el fenómeno fue disminuyendo hasta desaparecer.

LOS APORTES

Pocos postulados de la parapsicología se enfrentan tan de lleno con la física actual como los aportes. A través de un mecanismo aún desconocido pueden materializarse ante nosotros objetos que antes no existían. Se presentan ante los ojos del testigo atravesando paredes o techos, siguiendo recorridos verticales y horizontales y a velocidades diversas.

Uno de los primeros casos conocidos y recogidos es el de un explorador holandés llamado Grottendieck en 1913.[69] Le

---

[69] Fernando Jiménez del Oso, *Espíritus y duendes*, Uve, Madrid, 1980, p. 41.

ocurrió a él mismo en Sumatra y así lo cuenta en sus escritos: «Hacia la una de la madrugada desperté a causa de un ruido provocado por algo que había caído cerca de mi cama, fuera del mosquitero. Al encender la luz contemplé unas piedras de color negro de 2 cm de diámetro. Comprobé que aquellos guijarros estaban calientes; procedían del techo, aunque no había abertura en él».

En España también hemos tenido algún caso famoso de aporte. Parece ser que en Valencia, en 1935, las vicetiples del teatro de verano de la Gran Vía sufrieron una pedrea considerable en sus camerinos. Se llamó a la policía, que sólo pudo constatar los hechos. Inexplicablemente, las piedras dejaron de materializarse a los cuatro días tan de repente como habían aparecido.

En julio de 1984, en Galapagar, cerca de Madrid, en un taller de carpintería metálica empezaron a caer piedras del techo.[70] Después la pedrea se trasladó al interior del local y los pedruscos circularon por la nave mientras los operarios trabajaban. La Guardia Civil acordonó la zona, pero el fenómeno siguió produciéndose durante varios días delante de los mismísimos ojos de la autoridad. Se tuvo la sospecha de que la extraña manifestación podía tener alguna relación con la presencia del ayudante del herrero.

En los años sesenta, en Arcachon, había una clínica especializada en el tratamiento de la tuberculosis ósea. El doctor Cuénot, que era su director, tuvo que enfrentarse a una lluvia de piedras de gran consideración. Desde gran altura, y en varias ocasiones, de 200 a 300 guijarros bombardearon el jardín y las terrazas del edificio.

---

[70] Francisco Contreras Gil, *Casas encantadas: crónica de un siglo de misterio*, Edaf, Madrid, 2002, p. 119.

Big Bear

Dentro de la investigación paranormal, uno de los casos más famosos y mejor estudiado fue el de Big Bear, en 1962.[71] Big Bear es una urbanización residencial a una hora de Los Ángeles. En una de sus casas vivían los Lowe, un matrimonio con cinco hijos. Un buen día los Lowe comprobaron que caía sobre ellos una lluvia de piedras. El fenómeno llegó a repetirse varias veces a la semana y duraba de 10 a 30 minutos. En alguna ocasión las piedras no sólo caían en el interior de la vivienda sino que también llovían en el jardín. Nunca pudo averiguarse cómo las piedras se materializaban en medio del aire y cómo eran capaces de flotar con suavidad antes de caer al suelo.

La experiencia demuestra que los aportes no hieren nunca a nadie, es como si estos proyectiles misteriosos seleccionaran cuidadosamente su trayectoria. Muchos han comentado que se oye una pequeña explosión cuando ocurre el fenómeno. Este movimiento ralentizado de los objetos en general hace pensar a los investigadores que quizá podrían desplazarse a través de un campo de fuerza, porque no siguen las reglas conocidas de la física.

El conocido Raymond Bayless, junto con el sheriff local, investigó el caso de Big Bear. Toda la prensa recogió la noticia. Los Lowe se mudaron de casa y, curiosamente, los nuevos inquilinos también sufrieron «el mal de la piedra».

A pesar de que las piedras suelen ser los objetos más frecuentes, también existen casos recogidos en los que clavos, cristales y otros objetos han producido mil y un sobresaltos.

---

[71] *Los Angeles Times,* 10 de noviembre de 1962.

CASAS ENCANTADAS

Capítulo VII

CASAS ENCANTADAS

Si bien en un poltergeist los fenómenos paranormales están asociados a una persona viva, siempre presente en los hechos extraordinarios, desde el comienzo de la parapsicología se puso en evidencia que algunas veces la fenomenología se vinculaba a un lugar determinado: un bosque, un jardín, un viejo edificio, un palacio o una casa particular, común y corriente. Los acontecimientos insólitos se producían a través del tiempo y con independencia de la calidad o cualidad de sus moradores. Esto es lo que en parapsicología se llama una casa encantada. A pesar de que se habla de «casa encantada» de un modo genérico, nosotros hemos investigado casas modernas y antiguas. El decorado siempre será un escenario donde los actores son los seres humanos del presente o del pasado.

El enfado de la payesa

Cuando conocieron el lugar se quedaron enamorados de él y decidieron transformarlo en su residencia veraniega.[72] Era

---

[72] Caso Grupo Hepta, 1998.

una casa de payeses que además del cuerpo central tenía al lado un hermoso molino.

El comprador, arquitecto, remodeló el edificio, respetando el concepto local tanto de la casa como del entorno. Conservó el molino y lo transformó en un cuarto de estar de distintos niveles y adecuó la casa payesa a las necesidades de la vida moderna.

Desde el primer día que vivieron en la casa, la nueva dueña empezó a sentirse mal y a notar cosas muy raras: las luces se alteraban, el ordenador se paraba o se ponía en marcha y —según ella— sentía como si la casa la rechazara. Llegó a notar en una ocasión la angustia de sentirse estrangulada.

La verdad es que el campo magnético de la casa estaba muy alterado. Pero una vez más no fueron estas mediciones las que nos dieron la clave del misterio, sino la investigación psíquica.

En la bola de Paloma Navarrete apareció una mujer payesa, vestida de negro, en plena discusión con un hijo mal encarado armado de una escopeta. Era la antigua familia dueña de la casa. Tenían un contencioso con otra familia vecinal por la propiedad de unos terrenos. Un miembro de esta familia de vecinos vino a negociar, y la familia de la mujer de negro le pegó cuatro tiros. El asesinato fue el resultado de una *vendetta* rural. En otra escena visualizada por Paloma, la payesa esconde en la pared unos papeles enrollados.

La mujer de negro no quiere que se encuentren los papeles. Para ella son muy importantes y parece que muy comprometedores. Está aterrada porque ha oído que quieren hacer algunos retoques a la casa y por eso quiere ahuyentar a los propietarios actuales antes de que pueda descubrirse su tesoro.

Paloma Navarrete, en nombre de los que estábamos en este Más Acá, le prometió a la payesa que no se buscarían los papeles a cambio de que ella dejara en paz a la familia. Hizo una invocación, que reforzamos con una emisión de ultrasonidos, y curiosamente, y ante el asombro de los físicos, en la totalidad de la casa se restableció inmediatamente la normalidad del campo magnético.

La dama de los tirabuzones

Viajamos a Cataluña para investigar una casa que en el siglo XIV ya era la matriz de la familia.[73] En el XVII sus miembros se trasladaron a vivir a Barcelona y la vivienda quedó como residencia de administradores y personal subalterno.

La fachada se halla bien conservada, pero el interior ofrece un aspecto deplorable. La casa tiene fama de haber proporcionado experiencias desagradables a sus visitantes, entre ellos al conocido investigador Sinesio Darnell.

Entramos por una puerta pequeña que conecta con la calle a través de un portalón. Desde el zaguán arranca una escalera empinada y en ángulo recto. Por todas partes hay cascotes, cristales rotos, desconchones y manchas de humedad.

En los sótanos de la casa existen unas galerías húmedas y sombrías, sembradas de vasijas de barro medio rotas. Dos de los segmentos de las galerías están tapiados. En uno de los brazos hay un pozo y esqueletos de depósitos para el grano. Tenemos que movernos con linternas porque la vivienda carece de electricidad.

Nada más entrar, Paloma Navarrete comenta que en el subsuelo hay varios «muertitos», aunque no yacen en un cemente-

---

[73] Caso Grupo Hepta, 1998.

rio. Están en vertical y sospechamos que fueron víctimas de una práctica de castigo medieval que consistía en enterrar viva a la persona de pie, en un nicho del tamaño de su cuerpo. A estas mazmorras se les llamaba con la palabra francesa «*oubliette*» porque a esos pobres desgraciados los enterraban vivos y se olvidaban de ellos. Cuando el doctor Lorenzo Plaza hace la medición de los campos magnéticos, comprueba que todo el subsuelo de la casa tiene un campo más bajo de lo normal. «Bien pudiera ser que los huesos de los muertos sean la causa de esta alteración», añade sin dudarlo.

La información de la bola revela que estas personas eran cautivos y la obtenemos a través de un personaje que vivió en 1324, que se llamaba Guillermo y cuyo trabajo, según él, consistía en ser «guardián de santos enseres» del tesoro de su señor, don Pedro.

La primera planta consta de una secuencia anárquica de habitaciones que se conectan entre sí. Puede identificarse la cocina, una chimenea baja ennegrecida y los restos de un friso resquebrajado.

Paloma conecta pronto con una señora con capa y tirabuzones. Su atuendo es típico del siglo XIX. Tiene unos 30 años y los ojos grandes y muy abiertos. Llega acalorada de la calle, habla con el servicio en la cocina y se dirige directamente al salón, donde la espera un hombre, mayor que ella, que vocifera con mal humor. Ella calla. Su marido viaja mucho en coche de caballos. Ella permanece en casa. No hay niños en el edificio.

Con el pretexto de asesorarla espiritualmente suele visitarla un cura joven, con ojos azules y un libro en la mano. La verdad es que están enamorados, y Paloma les ve en situaciones comprometidas. Él quiere fugarse con ella, pero la mujer de los tirabuzones no se atreve a desafiar a su marido. Los dos sufren mucho con esta situación.

En las siguientes imágenes, ella no se encuentra bien. Tiene fiebre todas las tardes. Hay un médico que la atiende, pero su estado se agrava y fallece, lo más probable es que por tuberculosis.

Es al final cuando conocemos datos más concretos: ella se llamaba Leontina, sabe que está muerta pero vuelve una y otra vez a la casa buscando a su amor, Emmanuel. «Lo dejé aquí», repite sin descanso.

La aduana de Sabatini

El edificio fue construido entre 1763 y 1769 según el proyecto del arquitecto Francisco de Sabatini y por orden de Carlos III.[74] Sirvió como sede oficial a la aduana y a la Dirección General de Rentas, y se trata de una construcción emblemática del centro de Madrid.

En noviembre de 1936 el general Miaja, con la orden de defender la ciudad, instaló en este edificio la Junta de Defensa de Madrid. La elección se debió a la robustez de la construcción y la idónea profundidad de sus subterráneos, que podían resistir los efectos de los bombardeos. En marzo de 1939 se estableció en los sótanos el Consejo Nacional de Defensa.

La llamada se debe a que los vigilantes de la noche habían tenido experiencias extrañas en algunos puntos del edificio. Notan cambios bruscos de temperatura y la sensación de tener a alguien detrás de ellos. El personal de limpieza comunica a

---

[74] Caso Grupo Hepta, 2004.

un vigilante que llaman a la puerta de un despacho sin haber nadie dentro. Una pareja de vigilantes, haciendo la ronda, oyen una voz que les dice: «¿Por qué me seguís?». También escuchan un fuerte golpe en la ventana de la biblioteca, y comprueban después que están todas perfectamente cerradas. En mitad de un pasillo situado en la segunda planta, cerca de la sala de reuniones, existen unas puertas de vaivén. Una noche, cuando los miembros de seguridad se encontraban a seis metros de ellas, las puertas se abrieron y cerraron solas.

Desde el centro de control se escuchan ruidos de muebles y gente caminando por el piso superior, justo encima de ellos. En el sótano, cerca de la estafeta de correos y de la escalera de piedra, se percibe olor a cera de velas.

Lo primero que hacemos es recorrer los tres edificios y situar los puntos en los cuales los vigilantes denunciaron hechos extraños. Nos acompañan en el itinerario el propio jefe de seguridad y la autoridad del edificio. Es una delicia transitar por un lugar como éste, en el que cada rincón sugiere pasajes de nuestra historia. Se nota que se ha realizado un gran esfuerzo por mantenerlo en buen estado. A pesar de que gran parte de sus dependencias son utilizadas para uso administrativo, existen zonas nobles que exhiben pinturas y muebles refinados.

En lo que podríamos llamar las «mazmorras», sus pasillos, sus rejas, sus celdas, nos recuerdan que el edificio, a lo largo de su existencia, tuvo calabozos durante la República y fue también checa durante la Guerra Civil. En el suelo de algunos pasillos pueden verse las trampillas con arandelas que dan acceso al arroyo Abroñigal. También existe una trampilla enorme con arandela que sospechamos fue la fosa común de los que en distintas épocas fallecieron en el edificio.

Dejamos para el final el despacho del responsable de la institución. El péndulo se vuelve loco en casi toda su superficie, pero especialmente en un rincón que coincide con una ventana y en cuya pared hay un cuadro de la Virgen del Perpetuo Socorro. El magnetómetro no indica ninguna anomalía terrestre. En este rincón existe una pequeña mesa de reuniones. No se sabe por qué en este despacho siempre hay una temperatura anormalmente alta.

Paloma observa en su bola a un señor de barba canosa que dice haber muerto en el edificio en 1847, no de enfermedad sino a consecuencia de un disparo. No trabajaba aquí. Vino porque le llamaron. Alguien con poder. En el edificio no había nadie, estaban solos. Después del tiro, el asesino llamó a unos hombres que le «encerraron». Sabe que está muerto. Dice que no sabe salir, pero que tampoco tiene ningún interés en hacerlo, que está bien. Curiosamente, afirma: «El que dirige esto, sabe que estoy aquí».

Paloma sigue conversando con él en la bola. «Hay muchos como yo —asegura—, pero no los conozco. Son distintos. Algunos se pasean por los pasillos durante la noche. Algunos de ellos no quieren estar aquí. Hay uno que no se murió aquí pero viene algunas veces lleno de medallas. Abajo hay muchos, unos encima de otros, en una fosa común en los sótanos. Una de las personas que se pasea por el edificio es una señora que viene a ver a alguien, pero no lo encuentra». El señor de la barba cana la califica como «una belleza de los salones». Para terminar, y cuando le preguntamos si quiere decir algo más, responde que no porque no conviene...

Más tarde comprobamos que en 1847 el titular de esta institucion compartía el apellido con Arturo, nuestro anfitrión.

Un palacio en Asturias

Este caso nos obligó a viajar al norte de España, concretamente a Asturias.[75] Tuvimos la suerte de que unas personas que tienen un palacio maravilloso por esas latitudes nos lo dejaran investigar, pero además a lo grande, que para nosotros significa dejarnos mano a mano con el edificio. No era la primera vez que esto nos ocurría, ya que los propietarios de otro palacete también increíble nos habían ofrecido ya la misma oportunidad un par de años antes. Desde hace algún tiempo, este palacio de Asturias parecía ser escenario de acontecimientos extraños: hay camas que se bambolean solas; se agita el cristal de una mesilla; los guardas nos cuentan también que se les apagan las luces y ven sombras. A su aristocrática dueña algo cercano la roza y arrastra el vestido a su paso. Los miembros jóvenes de la familia son reacios a acudir a la casona.

Una avenida de árboles frondosa y maravillosa guía nuestro coche hasta el edificio principal, y la verdad es que el primer contacto con el palacio es de lo más sorprendente porque al aparcar el coche delante de la fachada se abrieron unas contraventanas de madera y después la propia ventana del primer piso. Pensamos que eran los guardas, que estaban avisados de nuestra llegada, y empezamos a descargar los bultos del coche. Sin embargo, nadie nos abría la puerta. Tocamos el timbre varias veces, y hasta llegamos a aporrear el portón sin éxito ninguno. Cuando, impacientes, nos disponíamos a acudir a la casa de los guardeses, les vimos llegar a pie por la avenida con las llaves en la mano y disculpándose por no habernos oído llegar. Fue entonces cuando nos miramos unos a otros con

---

[75] Caso Grupo Hepta, 1991.

cierta perplejidad. La casa estaba vacía. ¿Quién había abierto la ventana del primer piso?

Entramos en el edificio predispuestos a la aventura, sobre todo por la experiencia de la ventana que habíamos vivido y porque las historias de la familia, las historias con carga dramática, se hilvanaban a lo largo de su historia reciente.

El palacio tiene en su interior un patio cuadrado al que dan la mayoría de las habitaciones. Está conservado con esmero y es un placer para la vista el ambiente refinado y detallista. Los distintos propietarios han incorporado muebles, pinturas, cristales, porcelanas, lámparas y otros objetos decorativos en función de sus gustos y su época. En el comedor, forrado sobriamente de madera oscura, algunos trofeos de caza adornan las paredes, y varias piezas de plata antigua reposan sobre la mesa y los aparadores. Descubrimos rincones del xix y de los comienzos del xx, en los que el Art Nouveau hacía furor.

En la galería que abraza el patio, en cada esquina, montaban guardia unos muñecos, vestidos con librea. No tenían cara, y en su lugar un pañuelo blanco cubría el bulto de relleno. Tuvimos más de un sobresalto porque a la menor corriente se agitaban suavemente las plumas de sus tricornios.

Recorremos todo el palacio realizando mediciones. Ninguna anomalía en este campo evidencia los fenómenos de la casa. Pasamos a la investigación psíquica.

Parece ser que, durante la guerra, uno de los hijos de la familia, para salvarse de la persecución, buscó refugio en uno de los desvanes. Poco tiempo después, unos jóvenes vinieron preguntando por él. Ante la negativa de la madre, ellos alegaron que eran muy amigos suyos y que venían a ayudarle. La madre, ante esta insistencia solícita, terminó reconociendo que estaba allí. La pobre mujer firmó la sentencia de muerte de su hijo. Los amigos eran mineros en busca de revancha. Suponemos que los sentimientos de culpabilidad acompañarían a esta madre toda su vida.

También existe un personaje tierno y desdichado en la historia familiar. Es una mujer que a finales del siglo XIX se casó con el propietario y poseedor del título de la dinastía y murió tras regresar del viaje de novios a causa de una intoxicación por ostras. Encontramos su retrato en un cuarto lleno de trastos, entre cachivaches arrinconados. Suponemos que la segunda esposa relegó casi al olvido a esta mujer sin estrella. ¿Será ella la que ronda a los habitantes del presente, por el mal trato que dieron a su recuerdo?

Cuando ya terminábamos con estos contactos, pidió paso con insistencia otro personaje. Nos sorprendió que se comunicara en inglés. Era la *nanny*, la institutriz inglesa que los niños de la familia habían tenido durante muchos años. Nos saludó con amabilidad y nos justificó su presencia en el palacio alegando que seguía cuidando de sus niños. Sus niños eran ya hombres mayores, ¡sólo que ella no se había dado cuenta!

El Palacio de Linares

El Palacio de Linares está situado en uno de los cuatro chaflanes que conforman la plaza de Cibeles de Madrid.[6] En el lugar que ahora ocupa el palacio existió una parte del Real Pósito de la capital, es decir, los almacenes de trigo y cereales que aseguraban el abastecimiento de la ciudad. Estos almacenes fueron demolidos por estar situados dentro del plan urbanísti-

---

[76] Caso Grupo Hepta, junio-diciembre 1989.

co del marqués de Salamanca, que conformó lo que hoy es el barrio que lleva su nombre. Tres de las parcelas fueron compradas en subasta por don José Murga el año 1872.

El palacio empezó a construirse en 1873 siguiendo el proyecto del arquitecto franco-belga Adolfo Ombrecht, con la colaboración de los arquitectos Colubí y Aníbal Álvarez. El conjunto consta de un edificio como residencia, de unas caballerizas de tres plantas con dependencias para cocheros, cuidadores de caballos y servidumbre, y una pequeña construcción de tipo romántico sobre la medianera de las casas adyacentes, destinada a casa de muñecas o juego de niños, ya que, a pesar de sus pequeñas dimensiones, se puede acceder a su interior. Las caballerizas se conectan con el edificio principal a través de un jardín.

A pesar de algunos retrasos en terminar la decoración, el edificio fue ocupado por don José Murga y su familia hacia 1884.

Don José Murga y Reolid era hijo de don Mateo Murga y Michelena, un indiano enriquecido en Cuba que volvió de América con una fortuna. Don José nació en 1833 y vivió en Madrid con sus padres y hermanos hasta los 22 años, cuando su padre le envió a Inglaterra. En 1857, don Mateo, su padre, murió, y don José regresó a Madrid.

Al año siguiente, en 1858, se casa con doña Raimunda Osorio de Ortega. El matrimonio no tiene hijos. En los años siguientes, don José prospera en los negocios y el 11 de febrero de 1873 consigue de Amadeo de Saboya el título de marqués de Linares, y en noviembre del mismo año Alfonso XII le otorga el título de marqués de Hantares.

Los marqueses adoptan a una niña llamada Raimunda Avecilla Aguado. Al parecer, esta niña podría ser hija del abogado del marqués, don Federico Avecilla Delgado, o de su hija, el ama de llaves de la marquesa. En algunas pinturas del palacio y en varias fotos de época aparece Raimundita. Curiosamente, también en esas mismas fotos, aparece otra niña junto a Raimundita. Es más pequeña y se desconoce su identidad. En cualquier caso vivía en el palacio y debía de tener un parentesco con los marqueses, puesto que junto a Raimundita quedó plasmada para siempre en una pintura que en forma de abanico remata una de las paredes del salón de baile.

Los negocios del marqués fueron prosperando, y fue nombrado senador del Reino y condecorado en varias ocasiones. El palacio y sus festejos pretendían hacer olvidar a la sociedad madrileña la ausencia de nobleza de sangre del marqués.

Los marqueses de Linares murieron en 1901 y 1902, respectivamente, y fueron enterrados en Linares, en un panteón ubicado en el sótano del hospital, cuya fundación crearon para los menesterosos.

Raimundita era su heredera. La niña pequeña ni aparece en el testamento, y nadie sabe quién era ni lo que le ocurrió. Raimundita casó con el marqués de Villapadierna y nunca ocupó el palacio, que al poco tiempo fue vendido. Desde 1902 hasta nuestros días, salvo el paréntesis en que sirvió de oficina de la compañía Trasmediterránea, el Palacio de Linares nunca fue utilizado convenientemente, aunque un «espíritu protector» impidió que fuera derribado o transformado, como muchos otros edificios de su época.

La leyenda

Se cuenta que don Mateo, el padre del marqués, era muy mujeriego, y que Raimunda era su hija natural. Cuando supo que su hijo se había enamorado de la joven, le prohibió que se casase con ella y le envió a Inglaterra.

Cuando muere don Mateo y José vuelve a Madrid, se casa con Raimunda. La leyenda dice que fue después de casados cuando se enteraron de que eran hermanos. Se dice que el papa León XIII les otorgó una bula para seguir conviviendo bajo el mismo techo pero absteniéndose de las relaciones marido-mujer. Curiosamente, la distribución del palacio, en el que existen dependencias separadas del marqués y de la marquesa —incluso en plantas diferentes— podría confirmar la necesidad de la recomendada separación papal.

Esta leyenda ha sido conocida en Madrid desde siempre y como tal hay que admitirla. El edificio del Palacio de Linares ha mantenido a través de los años una aureola de interés y de misterio gracias a esta leyenda, y su historia ha sido recogida en todas las publicaciones que se han editado sobre los misterios de Madrid.

Nuestra investigación

El 31 de mayo de 1989, el padre Pilón recibe una llamada de doña Carmen Sánchez de Castro, psicoanalista. Cuenta que tiene una relación profesional y de amistad con la familia Revilla, propietaria en ese momento del Palacio de Linares. Aficionada a la historia y a la antropología, doña Carmen Sánchez de Castro quería realizar un estudio sobre la familia que había construido y habitado el palacio, y había obtenido el permiso de la familia Revilla para entrar y recorrer libremente el edificio.

Parece ser que al realizar la primera visita al palacio había sido testigo y sujeto paciente de una serie de fenómenos que le habían impactado profundamente. Confiesa que desconoce todo lo relacionado con el fenómeno paranormal y ruega al padre Pilón que se haga cargo de la investigación.

El 3 de junio de 1989 los miembros del Grupo Hepta entramos en el palacio por una puerta lateral que daba a un jardín descuidado, reseco y abandonado. Bajo la vigilancia del personal de seguridad, nos encaminamos a una doble escalinata de mármol dejando a la izquierda las antiguas caballerizas y lo que se ha dado en llamar «la casa de muñecas», pabellón que no tiene nada de ingenuo o infantil.

Antes de entrar, los guardias habían encerrado a los dos perros doberman encargados de ayudar en la seguridad. Nos habían contado que los dos animales se negaban a entrar en algunas de las habitaciones del primer piso. Esa negativa no es normal en dos perros entrenados como los doberman, así que la interpretación de semejante actitud no podía significar para nosotros nada más que una cosa: algo había en el palacio que atemorizaba a los animales...

Como en las películas de misterio, penetramos en el edificio cargados con nuestros aparatos y conscientes de que iniciábamos una experiencia única. El interior del edificio parecía extraído del cuento de la Bella Durmiente. No había luz eléctrica y una capa fina de polvo recubría las molduras, los espejos, los frescos y pinturas, los artesonados, los mosaicos, los dorados, los rasos, los mármoles y los cristales. Era como si el genio de la lámpara, en un traslado caprichoso, nos hubiera colocado en otro tiempo.

El grupo, sobrecargado y curioso, ascendió por la imponente escalera hacia la planta principal y allí fuimos depositando aparatos y pertrechos en una habitación a la que bautizamos «nuestro cuartel general» y que luego resultó ser la antesala del *boudoir* de la marquesa.

Las habitaciones de las tres plantas nobles se conectan casi todas entre sí, y dan a las tres calles que rodean gran parte del edificio —Alcalá, Castellana y el jardín de Marqués del Duero—. Todas las dependencias están comunicadas por galerías interiores decoradas con mármoles y espejos, que tienen a la escalera como hilo conductor.

En la primera planta, al recorrer el salón de billar, la biblioteca, el despacho del marqués, el comedor de diario y sus aposentos, se notaba que la decoración tenía una riqueza sobria: madera oscura, entelados de dibujos discretos y pinturas representando delicados desnudos femeninos.

La segunda planta impactaba por el colorido de las pinturas de los techos, los rasos, los reflejos de los espejos y el barroquismo de los adornos dorados que revestían las chimeneas y las entradas a las habitaciones. El salón de baile, a pesar del polvo reinante, brillaba resplandeciente con sus tres salones cuajados de oro y espejos. Uno de ellos, sin embargo, mostraba el impacto de una bala y nos preguntamos si la herida del espejo se debía a un disparo fortuito durante la Guerra Civil o a la huella romántica de un duelo. Otras joyas nos sorprenderían en esta misma planta: el dormitorio dorado de la marquesa, el salón chino, con sus dragones y quimeras, y la capilla de estilo bizantino, toda ella revestida de mosaico multicolor.

Durante los seis meses que duró la investigación llegamos a conocernos de memoria las cinco plantas del Palacio de Linares, gracias a la ayuda del arquitecto Jaime de Alvear, por entonces miembro activo del Grupo Hepta, que seguía los planos y nos guiaba con seguridad. Recorrimos el palacio por la mañana o por la tarde y orientados con linternas y con velas por las noches. Descubrimos las mil curiosidades que encerraba, como el invernadero en la tercera planta, y el ático abuhardillado donde el servicio realizaba labores de plancha y desde donde se podía ver por un pequeño ojo de buey el salón de baile y participar así como observadores de las grandes recepciones. Otro descubrimiento fue el pozo existente casi debajo de la gran escalera imperial, o el truco del techo de la capilla, que ocultaba un lugar para una pequeña orquesta proporcionando a los fieles la sensación de oír música celestial durante los servicios religiosos. En nuestra labor de investigación comprobamos la existencia de una pequeña tronera que tenía el marqués en su despacho y que le permitía observar a quienes llegaban a su residencia. En la tercera planta, justo encima del salón de baile, nos sorprendió un balconcillo simulado donde tocaba la orquesta sin ser vista por los invitados.

Resultados de nuestra investigación

Las mediciones realizadas exhaustivamente por los dos físicos, Lorenzo Plaza y José Luis Ramos, dieron como resultado que en el subsuelo del palacio existe mucha agua porque se encuentra enclavado en la confluencia del arroyo Abroñigal, que discurre por Alcalá, y el arroyo Castellana.

En todo el palacio el campo magnético era normalmente uniforme, salvo en el centro de la capilla, donde, tanto por radiestesia y con un detector de metales como por videncia, se localizó un elemento perturbador en la estrella central. Es un cuerpo metálico y se habla de la posibilidad de que se trate de una caja enterrada en ese lugar con documentos o restos de huesos. Al calcular la altura existente entre el suelo de la capilla y el techo del piso inferior se descartó la posibilidad de que hubiera un cuerpo enterrado, ya que el espacio era tan sólo de 30 o 40 centímetros.

En el dormitorio de la marquesa, la antorcha, que se encontraba fija en la cámara de Piedad Cavero, salió disparada contra el suelo. En esta habitación el péndulo del padre Pilón siempre reaccionaba en toda su verticalidad y Paloma Navarrete aseguraba que allí y en la capilla es donde existía una fortísima carga energética. En esta habitación tuvo la experiencia anómala Carmen Sánchez de Castro, experiencia que fue el desencadenante de nuestra intervención en el palacio.

Se grabaron música de órgano en la capilla y la voz de «Susi» por tres veces en el dormitorio de la marquesa. Para las grabaciones se introdujo el magnetófono en una cámara anecoica Faraday para aislar la grabadora de posibles efectos radioeléctricos y ambientales y asegurar la fiabilidad de la captación.

Los físicos rastrearon las distintas plantas con un contador Geiger, con medidores de alta imperancia y con un detector de metales. También se realizaron múltiples mediciones de campos electromagnéticos. Se pretendía justificar los fenómenos por diferencias de potencial eléctrico, electromagnético o radioactivo. El resultado de las mediciones fue negativo.

A lo largo de tres meses se tomaron más de 400 fotografías en barridos sistemáticos. Sólo se captaron fotos extrañas en algunos lugares: en el despacho del marqués, en el comedor de gala, en nuestro «cuartel general» y en la escalera de mármol. Piedad Cavero registró en vídeo algunas bolas semitransparentes en movimiento —orbs— en el gabinete chino.

Algunas de las emociones más impactantes de la investigación fueron provocadas por los momentos de videncia de Paloma Navarrete.

En el salón de baile vio surgir de la nada la figura de una niña con traje blanco y tirabuzones que saltaba y sonreía haciendo piruetas de danza. En la vida del palacio se movían tres mujeres: una mayor vestida de negro, la marquesa y otra joven y guapa. A la marquesa le gustaban mucho los sombreros, y Paloma la ve probándoselos ante un espejo. En el dormitorio de la marquesa tuvo lugar un nacimiento.

En el gabinete chino Paloma pudo percibir la reunión de dos hombres —uno de ellos alto y con bigote— en la que se firmaban unos documentos de adopción, documentos que cambiarían para siempre la vida de una niña de unos 5 años. Otras videncias posteriores revelaron cómo la niña salía un día del palacio en un coche de caballos acompañada por una mujer y cómo esta mujer se la entregaba a un hombre que la llevó a una casa, junto al mar, rodeada de naranjos.

Una visión reiterativa es la de una figura femenina que llora y sufre, que no duerme por las noches, llena de angustia. Tanto Paloma como las otras videntes que desfilaron por el palacio en aquellos meses coincidieron en afirmar que todo el palacio destila drama, lágrimas y sufrimiento.

En la actualidad el Palacio de Linares resplandece después de su magnífica restauración, pero nosotros seguimos preocupados por algunas incógnitas que no pudimos resolver: ¿eran hermanos los marqueses?, ¿quién era la niña pequeña?, ¿qué hay enterrado debajo de la estrella central de la capilla?

El cuarto azul y el hugonote

El Palacio de Narros está situado en el norte de España, en uno de los extremos de la playa de Zarauz. Es una casa-palacio que a lo largo de su historia ha sido escenario de hechos y lances extraordinarios.[77]

---

[77] Caso Grupo Hepta, 1990-2003.

Narros tiene porte de fortaleza. Su figura algo maciza y poderosa posee sin embargo una armoniosa proporción y el emplazamiento casi anárquico de sus ventanales nos indica que su origen se remonta a las postrimerías de la Edad Media.

Gracias al desvelo de sus propietarios, el Palacio de Narros, como dormido en las alas del tiempo, ha llegado a nuestros días íntegro, vivo y en perfecto estado. Sucesivas remodelaciones han transformado su fisonomía exterior y su decoración interior. Pero recorrer sus estancias puede convertirse para el visitante en un viaje al pasado emocionante y sugerente.

Por un lado, el ratón de Guetaria, las gaviotas y la línea del horizonte. Por el otro, un camino de grava, estanques y un parque frondoso semicircular. La entrada en el palacio es un portalón con escudo y coronas ducales. Después, un zaguán austero de paredes encaladas y artesonado sombrío da paso al corazón del edificio: un patio luminoso con enlosado bicolor y frescura de plantas. Una galería cubierta abraza el patio y se duplica en la primera planta. En ella, salitas, dormitorios y gabinetes se suceden y encadenan sin interrupción, exhibiendo pinturas, sillerías, damascos y cristales que evocan un estilo de vida decimonónico. Imaginemos los meses de invierno entre estas paredes, las mareas vivas del otoño, la humedad templada de la primavera y la bulliciosa actividad de los veraneantes en la época estival, que aportaba cada temporada vientos nuevos de modas y costumbres.

Se cuenta que en el Palacio de Narros la reina Isabel II pernoctó varias veces y que muchas personalidades de la época, como el padre Coloma, se alojaron en él como invitados de honor.

Dicen que la Casa de Narros —como todos la llaman— siempre ha tenido un halo de magia y de misterio, porque desde el siglo XVI hasta nuestros días varios acontecimientos dramáticos y extraños se han venido sucediendo entre sus muros, creando esa atmósfera enigmática y trascendente que envuelve el edificio. Se cuenta también que cada noche del 23 de agosto el palacio parece cobrar vida propia y las gentes de Zarauz se agolpan ante las verjas de Narros para presenciar la aparición de un personaje conocido por todos: el fantasma del hugonote...

¿Quién era el hugonote?

Cuentan que un mes de septiembre de 1572 el mar de Zarauz, crespo y rebelde, se abatió sobre la zona costera en forma de una de las mayores galernas conocidas. En medio del temporal, el mar arrojó a la playa una chalupa con varios náufragos. Las gentes del lugar les llevaron a una casa-hospital sufragada por los entonces dueños de Narros, don Pedro de Zarauz y María de Hernani. Uno de los náufragos llamó la atención de la hija de don Pedro, porque doña Mariana creyó reconocer el idioma de uno de ellos: era el mismo que el de su marido, el caballero inglés Francisco Boucker Barthon.

La familia de Zarauz, por deferencia hacia un compatriota de su yerno, trasladó al herido a su propia casa, le instaló en uno de los dormitorios principales y le colmó de cuidados. Cuando el médico de la familia le realizó un reconocimiento, descubrió que además de las heridas propias del naufragio el enfermo tenía también una estocada en el pulmón.

Cuenta el inglés a sus benefactores que viajaba en un galeón genovés procedente de Francia. Que en Francia había sido herido en un desafío y que después de unos días de descanso en Pau se dirigía de vuelta a su país.

A pesar de los desvelos de la familia Zarauz, la herida en el pulmón se revela grave y mortal. El enfermo empeora entre calenturas y espasmos, y como a su llegada se había reconocido cristiano, se hace venir al capellán para que ayude al náufrago inglés en sus últimos momentos. La presencia del clérigo, en vez de sosegar al enfermo, le enciende en odio y agresividad. «¡Fuera! ¡Fuera!, malditos papistas. ¡Fuera!», repite el moribundo una y otra vez. Empapado en sudor y blasfemias, el inglés muere al poco tiempo rodeado del asombro dolorido de la familia de Narros.

El 23 de agosto de 1572, en la noche de san Bartolomé, había tenido lugar en París el exterminio de protestantes, ordenada por el monarca Carlos IX ante el insistente rumor de que los hugonotes querían arrebatarle el trono. Por causa de un juego del destino, uno de esos protestantes huido de la matanza había llegado a Zarauz. La noticia corre como la pólvora y las gentes del lugar achacan a «este hijo del infierno» la galerna, el temporal, los desastres del mar y todas sus desdichas. Exigen al señor de Narros la entrega del cadáver para quemarlo. Quieren hacer con sus despojos lo que no pudieron hacerle en vida. El temple y la nobleza de don Pedro de Zarauz, alegando el valor de su palabra de asilo, evita la barbarie y la profanación.

Unos dicen que el hugonote no salió nunca del recinto del palacio y que está enterrado en el propio jardín de Narros. Otros aseguran que fue emparedado en los sótanos del palacio. Muchos creen que el cuerpo del hereje fue llevado a alta mar y arrojado a las profundidades.

La experiencia del padre Coloma

La inquietante historia de Narros no termina aquí, porque muchos años después, en un verano de principios del siglo xx, el padre Coloma, yendo camino de Loyola, fue invitado por los dueños de Narros a que pasara allí la noche y pudiera así reponer fuerzas.

Como gran deferencia a su personalidad fue instalado precisamente en el mismo cuarto donde había fallecido el hugonote. En su cuento *El cuarto azul*, el padre Coloma nos cuenta con mucho detalle las vivencias que experimentó en Narros aquella noche templada de agosto, curiosamente la noche de san Bartolomé: «Muy cerca de las 12, retireme yo a las habitaciones que me habían destinado. No habían llegado aún a este rincón de Guipúzcoa los modernos resplandores de la luz eléctrica y, a la luz de una enorme lámpara de bronce, púseme a despachar los rezos del día siguiente, una vez instalado en el cuarto. Tenía una preciosa cama del siglo XVII, muy alta, con remates puntiagudos y labores caprichosas. A la derecha una chimenea de mármol negro y, entre el balcón y la cama, una mesita de escribir, sobre la cual ardía la lámpara, a cuya luz rezaba yo los maitines de san Bartolomé correspondientes al 24 de agosto. Terminados mis rezos, se me ocurrió examinar el cuarto azul. Colgaban de la pared varios cuadros y retratos antiguos. Uno, muy grande, italiano, representaba el sueño de Jacob. Otro, sin saber por qué, me dio mala espina. Era una señora viejísima y muy fea, de boca hendida como la de una culebra, vestida con el hábito de las monjas de Santo Domingo. Tenía en la mano una pluma, y papeles y libros al lado sobre una mesa.

»Reinaba ya el más profundo silencio en todo el palacio y sólo se oía en el cuarto azul el acompasado correr de las fuentecillas del parque. Al volverme para cerrar la puerta, resonó en mitad de la habitación, sobre el encerado pavimento, un golpe seco y fuerte, terrorífico en el silencio. Al mismo tiempo, una fuerza invisible hízome caer al suelo con gran violencia. Como movido por un resorte me levanté al instante y entonces vi, en el centro del salón, una de esas cosas sin nombre. Era como una columna de luz azulada que llegaba desde el suelo hasta el techo y que fue apagándose en un rincón, bajo el retrato de la monja. Los ojos de ésta se abrían y cerraban, y su mano descarnada, fuera del cuadro, se movía de arriba abajo, llamándome a mí o santiguándose ella».

Nuestra investigación

En 1990 el Grupo Hepta obtuvo el permiso de los propietarios para entrar en el Palacio de Narros. Queríamos comprobar si aún conservaba su magia y su misterio. Deseábamos entroncar la leyenda con la realidad y averiguar, en la medida de lo posible, si las paredes del palacio encerraban todavía hoy alguna evidencia fantástica de su historia.

Localizamos el dormitorio donde había muerto el hugonote, el cuarto azul, que era un gabinete amplio con una mesa grande, central, en donde el padre Coloma había vivido una experiencia tan particular como la del «rayo azul» y los movimientos extraordinarios de la monja. Allí estaba la monja, en efecto. Su boca no era la de una serpiente, como había contado el padre Coloma, y aunque no era una mujer agraciada, su aspecto no podía ser más anodino e inexpresivo. En recuadro, en la parte baja de la pintura, existían unas líneas reveladoras: «La Venerable Micaela de Aguirre, hija de esta casa. En religión se llamó sor Micaela del Santísimo Sacramento. Murió como priora del convento dominico de la Madre de Dios de Valladolid en 1678, a los 75 años de edad». ¿Qué significado tenían las palabras «hija de esta casa»?

Fascinados por el cuadro, pusimos frente a él una cámara de vídeo, fija, sobre trípode y en posición automática de rodaje. La dejamos funcionando mientras realizábamos otras mediciones. Al poco rato nos llamó la atención el ruido continuo que producía el objetivo al buscar incansablemente un enfoque correcto. Esto era técnicamente absurdo puesto que no habían variado ni la distancia ni la luz. Acudimos todos al aparato y al principio no vimos nada anormal, pero al mirar por el visor pudimos comprobar que una nube grisácea se interponía entre el cuadro y la lente del objetivo. La nube, como humo, iba y venía de izquierda a derecha entorpeciendo la contemplación de la pintura. Cuando la toma se reproduce, el efecto es que la figura de la monja se oscurece completamente hasta convertirse en una masa negra. Curiosamente, el marco dorado permanecía brillante en todo momento. Todavía hoy no hemos encontrado una explicación razonable para este fenómeno.

Pero este hecho insólito no fue el único. Una mañana, cuando Piedad Cavero grababa en la planta baja uno de los salones, con los postigos cerrados, el ambiente estalló de repente en un ballet maravilloso de esferas semitransparentes que evolucionaron ingrávidas y elegantes ante el objetivo. Aparecían y desaparecían de la habitación atravesando las paredes. A estas burbujas hoy se las llama «orbs» y su composición sigue siendo un enigma para la parapsicología.

Para colaborar con nosotros en este primer viaje nos acompañó una médium, Begoña Ojeda. A través de ella pudimos saber que el cuerpo del hugonote no estaba en la casa, y que a sor Micaela la habían obligado a tomar los hábitos porque era hija natural de la familia. Estuvo resignada a su suerte, pero quería que fuéramos transmisores de su verdad.

El misterio del Reina Sofía

El rey Felipe II nombró a Madrid capital del reino en 1561. Para que las infraestructuras sanitarias estuviesen acordes con la futura importancia de la ciudad, decidió reunir en un solo edificio la mayor parte de los hospitales existentes.

Sobre el albergue de mendigos que había en Atocha empiezan las obras en 1590. Al morir Felipe II, su hijo, Felipe III, toma el relevo y sigue entregando las aportaciones necesarias para rematar el proyecto, hasta que el 9 de junio de 1603 empieza a funcionar el nuevo Hospital General con el nombre de Santa Catalina.

Se dio asistencia a todo tipo de personas, incluso a indigentes. A lo largo de su historia, el edificio fue también manicomio, casa-cuna, hospital de sangre durante la Guerra Civil y hospital universitario bajo el nombre de San Carlos. Varias órdenes religiosas se turnaron para velar por los enfermos.

El edificio estuvo abandonado desde el año 1974 hasta su restauración en 1980, y hoy alberga el Museo Nacional Centro de Arte Reina Sofía (MNCARS).

Desde 1986, el Reina Sofía es centro de arte y de belleza, pero ni los seres humanos ni las construcciones pueden renegar de su pasado. A veces vuelven a nuestro presente ráfagas de épocas olvidadas y se nos recuerda que las vivencias no se pierden, sólo necesitan las condiciones necesarias para reproducirse.

A finales de 1991 los medios de comunicación se hicieron eco de la noticia de que en el Museo Reina Sofía ocurrían cosas extrañas. Algunos vigilantes y otros miembros del personal permanente del museo informaron de que durante el recorrido de sus rondas veían procesiones religiosas o escuchaban retazos de conversaciones que retumbaban por las bóvedas de las galerías. Se oían golpes por los sótanos, y los ascensores, desconectados de los controles eléctricos, subían y bajaban, obligándoles a vivir en continuo sobresalto ante el temor de que estos insólitos movimientos pudieran estar causados por ladrones desaprensivos. Para colmo, una noche, el personal de guardia realizó una sesión de ouija y en ella se presentó un personaje que dijo llamarse Ataúlfo, y Ataúlfo apareció en las páginas de todos los rotativos.

Investigamos el edificio en 1992 y en 1995. Fuimos testigos de las veleidades de los ascensores mientras estaban desconectados. En una sala, en el sótano, la vidente del Grupo Hepta Paloma Navarrete situó la antigua sala psiquiátrica, donde los locos permanecían atados a las paredes con cadenas y argollas, y en el actual almacén de pinturas descubrió la existencia de tres féretros detrás de una pared levantada recientemente. Para poder comprobar el hecho insólito de que hubiera tres enterramientos ocultos sin ninguna inscripción detrás de una pared moderna, se recortó un amplio cuadrado. La veracidad de la clarividencia de Paloma Navarrete salió a la luz: allí estaban tres féretros negros con letras doradas impresas.

Uno pertenecía al hermano Bernardino de Obregón, fundador de la congregación de los Siervos de los Pobres, fallecido en 1599; otro, a don Gonzalo de la Peña Carrillo, prior de Uclés y primer administrador de este hospital, y en el tercero descansaba doña María Antonia Barrero Sotomayor, quien según rezaba la inscripción había ingresado como enferma en el hospital y había fallecido el 6 de diciembre de 1794. Curiosamente, en 1998, con motivo del cuarto centenario de la muerte del hermano Bernardino, se inició la búsqueda de sus restos, ya que a lo largo de los años habían sido trasladados de iglesia en iglesia. Gracias a la información que reveló el último capellán que tuvo el hospital pudieron al fin localizarlos donde el Grupo Hepta los había descubierto durante la investigación.

En la segunda visita, en 1995, además de los barridos fotográficos y de vídeo y las mediciones de temperatura y de campos magnéticos, preparamos una sesión mediúmnica en el sótano, debajo de la bóveda. Además del Grupo Hepta estuvieron presentes el jefe de seguridad y algunos miembros de la vigilancia. Los médiums son personas que, como cualquier otro paragnosta o sensitivo, tienen la capacidad de alterar su estado de conciencia para hacerse así más receptivos. Ahora a la mediumnidad se la conoce como canalización. En cualquier caso es el proceso a través del cual algunas personas son capaces de conectar con el reino de lo invisible, con otras realidades. Algunos autores creen que el proceso de mediumnidad se consigue elevando las vibraciones de nuestra composición material. El mundo espiritual vibra a una velocidad más alta que la nuestra y los médiums tendrían la particularidad de conseguir índices de vibración variables, captando un tipo de información a la que los no sensitivos aún no sabemos cómo acceder.

Nada más empezar la sesión, varias entidades relacionadas con el edificio se presentaron y tomaron la palabra.

Malu dijo ser una judía que había vivido en el lugar en 1594.

Sor Aldonza de los Ángeles, religiosa del hospital de pobres —así se llamaba la institución benéfica—, contó que había vivido en 1759. Estaba obsesionada con la búsqueda de una niña huérfana llamada Blanca que se fugó estando bajo su tutela.

Ata, el siguiente personaje que se presentó, resultó ser un loco furioso, autor de cinco asesinatos. Dijo lo mucho que le gustaba pasearse ahora por los jardines y los corredores. Había permanecido mucho tiempo en el hospital. Desconocía en qué época estuvo recluido y sólo recordaba que su rey se llamaba Carlos. Este personaje es al que los vigilantes habían bautizado con el nombre de Ataúlfo.

Por último se presentó a sí mismo Livinio. Explicó que había sido médico y que ejerció su especialidad de pulmón y corazón en 1938, cuando el edificio fue hospital de guerra. Se despidió contento porque —según él— el lugar «está de lo más animado, ya que por él van y vienen gentes de todas las épocas, incluso desde 1584». Livinio aseguró que, como él, todos están muy de acuerdo y contentos con el destino que se le ha dado a su antiguo hospital.

Las apariciones de espectros son grabaciones que permanecen en el éter como las ondas de radio o las ondas hertzianas. Monjas de tocas blancas, llantos de niños, procesiones religiosas, pero también fantasmas de locos que perdieron la conciencia de la realidad, médicos que dedicaron su saber y su entusiasmo a los demás, esperanzas y soledades. Toda esta información permanece archivada en el Reina Sofía, tan real como sus colecciones artísticas, y sus antiguos personajes son felices si pueden pasearse de vez en cuando por sus galerías reviviendo trozos de sus vidas que no quieren olvidar.

En los veinte años que lleva funcionando el Grupo Hepta nunca ha percibido una retribución económica por su trabajo, ya que siempre ha considerado la ayuda su razón de ser. Después de sus investigaciones en el Reina Sofía redactó un informe para el director del museo. Ese informe fue robado de un cajón, fotocopiado y vendido por un desaprensivo al *Diario 16* a cambio de sesenta mil pesetas. *Diario 16* lo publicó el viernes 21 de abril de 1995. El Grupo Hepta, que siempre mantiene la confidencialidad de sus investigaciones, sólo ha visto violado su secreto profesional en este caso del museo; en el caso de la investigación del Palacio de Linares, en 1989, porque varios medios de comunicación se enteraron de su intervención muchos meses después y la divulgaron, y en el caso de El Baúl del Monje (véase el siguiente capítulo), porque los propios arrendatarios del local dieron a conocer su problema en todos los medios de comunicación.

Capítulo VIII

¿CASAS ENCANTADAS O POLTERGEIST?

La casa de Chenta

En un chalecito en el centro de Madrid, desde hace muchos años ocurrían cosas muy extrañas.[78] La familia estaba acostumbrada ya a todas ellas y, sólo por deferencia hacia nuestras investigaciones, se nos permitió realizar un análisis detallado.

Todos los miembros de la familia habían escuchado en varias ocasiones pisadas que subían y bajaban por la escalera. También era frecuente oír el brusco portazo de la puerta de entrada, y después se comprobaba que no se había movido. En el piso superior, la máquina de escribir tecleaba con insistencia, pero luego aparecía perfectamente enfundada a ojos del que subía precipitadamente para regañar al hermano travieso. Cuando uno de los niños estaba recitando una poesía que había aprendido en el colegio, al término de su actuación pudieron escucharse unos cálidos aplausos que, procedentes de algún lugar de la casa, dejaron perpleja a la familia.

Un día que realizábamos mediciones en la planta baja del chalé nos sorprendió el tintineo de una campanilla en el piso superior. Subimos rápidamente la escalera y efectivamente en-

[78] Caso Grupo Hepta, 1987.

contramos una, de plata, en un dormitorio, pero el registro resultó infructuoso: nadie estaba allí.

Al realizar la historia clínica del lugar y de sus habitantes supimos que una niña de 3 años, hija de la familia, se había precipitado por una claraboya que proporcionaba luz al estudio de su padre mientras jugaba en la terraza superior de la casa. La niña cayó, rompió el cristal y se precipitó al vacío. Murió casi al instante. Curiosamente, la fecha de su muerte coincidía con el inicio de los fenómenos.

En una primera parte de la investigación pensamos que la madre todavía estaba afectada por la muerte de la niña. De hecho en el arranque de la escalera había enmarcado un perfil realizado después de su muerte. El dibujante sólo había añadido la apertura de los ojos para darle una vitalidad ya inexistente. Varios campos energéticos se fotografiaron precisamente tapando este retrato.

Al recorrer la casa para los barridos fotográficos y las grabaciones de audio y vídeo, descubrimos encima de la coqueta de la madre la mascarilla que se le realizó a la niña después de muerta. Todo ello nos hizo pensar que la madre no había querido asumir la pérdida de su hija y que su inconsciente podría ser el origen de toda la fenomenología; estaríamos ante un poltergeist.

Algunos años después la madre murió y los hijos decidieron vender la casa. Nos llamaron antes de hacerlo por si queríamos repetir las mediciones, ya con la casa vacía. Cuál no sería nuestra sorpresa cuando la máquina de fotos captó en la escalera y en uno de los dormitorios unas bellísimas y dinámicas columnas de luz que la técnica logró congelar en el espacio y en el tiempo. La madre ya no existía, en la casa ya no vivía nadie, ¿qué energía seguía vinculada a ella?

El Baúl del Monje

Para el Grupo Hepta el caso de El Baúl del Monje[79] ha sido el poltergeist más apasionante que ha tenido en sus muchos años de investigación. En el lugar aparecieron tres historias superpuestas: dos de origen trascendente y otra que indicaba un agente causante bien definido. En parapsicología los fenómenos poltergeist suelen ser muy virulentos, pero duran muy poco en el tiempo. Por eso, cuando las personas nos llaman pidiendo ayuda, comprobamos los desastres pero nunca somos testigos directos de lo que ocurre. Sin embargo, El Baúl del Monje era un caso vivo. Cada vez que acudíamos para realizar el seguimiento —una vez por semana—, algo extraordinario ocurría ante nuestros ojos.

Un cigarrillo mal apagado prendió el colchón y el humo acabó con la vida del abogado. Este siniestro marcaría para siempre la historia de esta vivienda, que, convertida en una almoneda, recibía los objetos que la gente quería vender. El lugar parecía un caleidoscopio colorista: cuadros, espejos, muebles, plata, esculturas, lámparas, jarrones, muñecas, breviarios, medallas y hasta un fonógrafo para vinilos de 78 revoluciones. Mil cachivaches llenaban casi por completo las habitaciones, de un modo anárquico, sin pautas cronológicas, dando la sensación de un orden desorganizado, haciéndonos pensar con cierto romanticismo nostálgico en la historia de los propietarios de aquellos objetos y los avatares de éstos hasta llegar allí. Al final de un pasillo, en un cuarto donde se realizaban restauraciones, había un baúl que parecía haber inspirado a los dueños —Noel y Ángela— para bautizar su local con el nombre de El Baúl del Monje.

---

[79] Caso Grupo Hepta, 1988-2000.

El negocio, en el número 10 de la céntrica calle de Madrid Marqués de Monasterio, se había convertido en un lugar agradable, en donde clientes y dueños disfrutaban de mutua compañía. Un establecimiento normal como tantos otros. Sin embargo, en la primavera de 1998, El Baúl del Monje pareció cobrar vida propia.

La llave de un armario salió disparada de su cerradura, un vaso de agua que se encontraba sobre una mesa estalló en mil pedazos, y dentro de un armario francés de tres cuerpos se oían golpes y sacudidas. En la tienda, y para su venta, había sido depositada una cabeza de carnero. El problema que tuvieron los dueños del local desde el primer día es que la cabeza, tallada en terracota, se paseaba por el local. Hartos de sus desplazamientos y asumiendo la pérdida de su posible venta, los dueños decidieron sacarla a la calle para que los servicios de recogida se la llevaran con la basura. A la mañana siguiente, cuando entraron y abrieron la tienda, la cabeza les esperaba en mitad del pasillo.

Tampoco las piezas de un ajedrez de jade parecían cómodas sobre su tablero. Unas veces se colocaban en casillas imposibles indicando que no sabían las reglas del juego, otras salían a volar por las habitaciones, asustando al personal. Lorenzo Plaza, uno de nuestros físicos, fue una de las víctimas de estas figuras de ajedrez, que le persiguieron con insistencia a lo largo de todo el pasillo.

En El Baúl del Monje las arañas de cristal bailaban de un lado para otro y el espectador se quedaba extasiado ante sus vaivenes. Lo sorprendente es que a veces sólo se agitaba uno de los lados de la lámpara, mientras el resto permanecía inalterable. Pero no eran únicamente las piezas de jade o las lámparas las que cobraban vida, algunas bombillas se desenroscaron solas delante de nuestros ojos para iniciar, ya libres, recorridos imposibles. Una tarde, mientras charlábamos animadamente en uno de los saloncitos, las manillas de un reloj que adornaba una de las cómodas empezaron a girar alocadamente, marcando 24 horas en tan sólo un par de minutos. Lo increíble es que el dueño nos confesaba aterrorizado que ¡el reloj ni siquiera tenía cuerda!

Los fenómenos de aportes eran espectaculares. Empezaron a caer cenizas de madera quemada, chinchetas, monedas, botones y cristales. En varias ocasiones se materializó la cabeza de una muñeca de plástico, medio quemada y en la que se habían introducido trozos de algún mineral negruzco. Esta cabeza de muñeca nos sobresaltaba continuamente tanto en sus apariciones inesperadas como en sus desapariciones inexplicables.

Realizando una sesión ouija se materializó debajo de nuestros dedos un hierro dorado retorcido. Surgió de repente y tuvimos que detener la sesión porque el metal rayaba la superficie de madera.

Al comienzo de la investigación observamos, entre los mil objetos que había en la tienda, un Cristo de calamina clavado en una madera. En los meses que investigamos la tienda, el Cristo plateado fue resquebrajando la madera por sus continuos espasmos. Hasta que quedó libre de ella y entonces se dedicó a aparecer y desaparecer en las distintas habitaciones del local. El dueño de la tienda, para evitar sus viajes, decidió clavarlo directamente en la pared y, para susto de todos, una noche se desprendió de ella ante nuestros ojos y, después de recorrer una trayectoria absurda, terminó aterrizando a los pies de Piedad Cavero y Lorenzo Plaza.

Un cabecero de cama de madera pesadísima se atravesó en el dintel de una de las habitaciones impidiéndonos el paso.

Cuando estábamos observando el prodigio, se produjo otro, aún más espectacular: desde el techo del cuarto, y surgiendo de la nada, se proyectó hacia abajo un cortapuros con tal fuerza que pegó en la barra de un toallero que había sobre una mesa de cristal. Gracias a que Piedad Cavero estaba filmando el cabecero atravesado pudo registrarse el fenómeno íntegro con el vídeo. También pudimos registrar en una cinta el ruido del arrastre del cabecero, porque este desplazamiento se produjo en el rato que el equipo se había ido a cenar y que la tienda había quedado sin nadie. Antes de cerrar nosotros mismos con llave, pusimos en varios puntos estratégicos del local cintas de audio que se activaban con el ruido.

Aplicando el sistema racional de la física, lo único que se pudo detectar en el local fue una zona en un rincón de una de las salitas en donde el magnetómetro determinó un campo de tan sólo 0,08 Gauss, medición inusitada y anormal por cuanto las mediciones más bajas que suelen recogerse son de 0,2 Gauss. Se comprobó asimismo que no coincidía este descenso con ningún cuerpo metálico de la estructura.

Tampoco pudieron valorarse diferencias significativas de temperatura, ni se grabaron psicofonías.

En el campo de la investigación psíquica, Paloma Navarrete pudo ver en su bola que el abogado había fallecido, en efecto, por la inhalación del humo, pero unos momentos antes había tenido un altercado con alguien que pretendía la entrega de unos documentos y que ante la negativa del abogado para hacerlo le dio un gran empujón.

También Paloma realizó varios ejercicios de psicometría con los objetos que se materializaban y que no pertenecían al local. Y captó a través de ellos un salón de principios del siglo xx en el que dos niñas y un niño jugaban con una caja llena de cristales.

Cuando después de muchos meses pudimos estudiar toda la información reunida, empezamos a manejar hipótesis para poder emitir un diagnóstico lo más ajustado posible.

Es cierto que la hipótesis de que fuera el espíritu del abogado resultaba muy tentadora. También era sugerente la hipótesis de que el rincón con el campo magnético inusual pudiera ser una puerta espacio-tiempo que, según los razonamientos de la teoría Rosen-Einstein, se hubiera convertido en un canal por el que transitaban los objetos que aparecían y desaparecían ante nuestros ojos. Barajamos la hipótesis de la impregnación, que podría haber justificado los fenómenos por el cúmulo de vivencias personales que atesoraban los objetos depositados en El Baúl del Monje para su venta. Pero cuando supimos que uno de los socios ya había experimentado varios episodios de poltergeist, en reuniones y en su anterior lugar de trabajo, nos decantamos por esta hipótesis por ser la más verosímil. Sentimos mucho no tener la oportunidad de hacer un seguimiento a la persona «sospechosa» de producir este poltergeist. Estos fenómenos siguen al individuo cada vez que se siente alterado consciente o inconscientemente por los avatares de la vida. Pero al poco tiempo la tienda cerró y perdimos todo rastro del dueño.

Las caras de Bélmez

He dejado para el final de este capítulo un caso cuya complejidad no nos ha permitido todavía emitir un diagnóstico exacto. Se trata del famoso caso de las caras de Bélmez.[80]

---

[80] Caso Grupo Hepta, 1973-2004 (muerte de María).

Como ejercicio práctico para los lectores, en primer lugar voy a exponer las características del fenómeno, y luego espero que sean capaces de formarse su propia opinión. El caso de Bélmez es muy conocido, pero aún no ha sido resuelto.

Bélmez de la Moraleda se halla enclavado en la Sierra Mágina, en la provincia de Jaén. Es un pequeño pueblo andaluz rodeado de olivos. Tiene calles estrechas y empinadas, casitas blancas de cal y muchas flores en balcones y terrazas. También cuenta con un castillo árabe como recuerdo de la ocupación musulmana, y sus gentes sencillas rezan a la Virgen de la Paz y al Santo Cristo de la Vida.

Bélmez parece un pueblecito como los demás, sin embargo, en 1971, en una de sus casas empezaron a ocurrir unos fenómenos tan extraños que han hecho que su nombre figure en todos los tratados de parapsicología.

Todo empezó el 23 de agosto. Ese día, en el número 5 de la calle Rodríguez Acosta, María arrimó el puchero a la leña encendida de su cocina baja, como hacía todas las mañanas. Pero ése no era un día como los demás, porque María no pudo ni avivar el fuego. Se quedó paralizada por el asombro. Desde el suelo de cemento una cara aterradora la estaba mirando.

En un primer momento, María intentó borrar la cara fregándola. Pero aquel rostro permanecía indeleble a sus esfuerzos. Asustada, llamó a su hijo Miguel, y el pánico de ambos hizo que picaran el suelo de cemento para destruir aquella extraña cara. Repararon el destrozo con una nueva lechada de cemento.

Días después, a primeros de septiembre, un nuevo personaje empezó a emerger del cemento reciente. Los ojos fueron los primeros en aparecer, luego se perfiló la nariz y unos surcos verticales que a modo de bigotes caídos le daban una expresión un tanto dramática. Finalmente se dibujó la boca, la barbilla y el óvalo de la cara. Esta segunda imagen recordaba, como al parecer la primera (que nadie llegó a ver), a la Santa Faz que se conserva en Jaén, aunque ésta era más perfecta en sus rasgos, y sus facciones tenían una expresividad mucho mayor. Las cejas era muy negras y los ojos muy claros. A su alrededor apareció una sombra negra como si se reflejara una cabellera oscura y abundante. Algunos han creído ver en las dos líneas verticales que surcan la cara dos regueros de sangre que saldrían de la nariz.

Lo extraño del fenómeno y su repetición hicieron imposible que el suceso se mantuviera más tiempo en secreto. Intervino el Ayuntamiento, se recortó la plaqueta de cemento en la que estaba insertada la imagen de la cara y esta plaqueta quedó empotrada en la pared de la cocina, muy cerca del lugar de su aparición. También con el permiso municipal se realizó una excavación en el lugar —un hueco de 1,50 de diámetro aproximadamente por 2,80 de profundidad—. Aparecieron varios huesos humanos, curiosamente sin ninguna cabeza. Los huesos hallados correspondían a un adolescente varón. A nadie se le ocurrió datarlos. Se metieron en una caja de cartón, sin darles mayor importancia, y alguien se los llevó. Su existencia se justificó por el hecho de que la iglesia parroquial se encuentra a la espalda de la casa de María, y se supuso que habría tenido un camposanto en sus proximidades.

Naturalmente, después de esta excavación, el pavimento fue reparado. Pero con una terquedad increíble nuevos rostros siguieron emergiendo con insistencia en el suelo de la cocina de María. Fue entonces cuando la familia Pereira se rindió a la evidencia de que una fuerza misteriosa e inevitable parecía quererse manifestar en el cemento de su modesta cocina.

La noticia de la aparición de las caras saltó a los grandes titulares y los medios de comunicación desataron la polémica al anunciar que algo estaba pasando en un pueblo de Jaén. María y su familia sufrieron burlas, incomprensión y hasta crueldades. Les acusaron de fraude y de buscar dinero y notoriedad.

Como contrapartida, la casa de María se convirtió en el epicentro de investigadores que, atraídos por lo insólito del fenómeno, acudieron deseosos de encontrar la verdad sobre su origen. Creo que se puede afirmar sin ninguna duda que gracias a las caras de Bélmez en España empezaron a conocerse los fenómenos paranormales y el papel que tiene la parapsicología.

El profesor Hans Bender —jefe por aquel entonces del Instituto para la Investigación de las Zonas Limítrofes de la Psicología, de la ciudad de Friburgo— viajó a Bélmez en 1973 y coincidió con los parapsicólogos españoles Germán de Argumosa y el padre José María Pilón, y con Naegeli, presidente de la Sociedad Suiza de Parapsicología.

Bélmez pertenece a la jurisdicción de Huelma, y en esa villa ejercía de notario Antonio Palacios Luque, a quien se le encargó que levantara acta del precintado de la cocina de María y, varias semanas después, del acta que certificaba que los precintos no habían sido violados. Para no alterar la vida familiar de María se le habilitó otra habitación que pudiera cumplir las mismas funciones. Al levantar los precintos se pudo comprobar que habían aparecido nuevos rostros y que los ya existentes habían sufrido una mutación. Durante esas semanas, también en la nueva cocina habían empezado a dibujarse algunas caras nuevas.

Por aquel entonces, 1972, el diario *Pueblo* nombró una comisión para estudiar el fenómeno, que estaba compuesta por el periodista Grau, el arqueólogo Laguna y el químico Viñas. Ningún parapsicólogo fue llamado a colaborar en la investigación.

Existe la teoría de que la comisión estaba encargada de desprestigiar el fenómeno y que esta maniobra —a la que se llamó Operación Tridente— fue puesta en práctica por Emilio Romero —entonces director de *Pueblo*—, siguiendo el dictado del ministro de Gobernación y del mismo Franco.

En 1975, el Instituto Hidrológico y Mineralógico de Valencia, dirigido por el doctor Alonso, realizó en el mes de octubre el análisis de unas muestras, pero no encontró ninguna sustancia anómala. Se había hablado de fraude, de la posible existencia de nitrato de plata o de anilinas. En el análisis sólo pudo encontrarse hollín, abrasivo doméstico y vinagre, ingredientes todos ellos perfectamente justificados en la limpieza rutinaria de la cocina. Se encontró también melanocrato, que es un producto orgánico higroscópico que se añade al cemento para que fragüe más rápidamente.

El 15 de diciembre de 1973 hubo un fenómeno de aporte. Sobre el magnetófono donde se trataba de grabar alguna psicofonía, a las tres de la mañana concretamente, apareció una masa esponjosa. Los testigos —Miguel Rodríguez Montálvez, José Enrique Guerrero de Guindos y José Martínez Romero, presidente este último de la Asociación de Parapsicología de Jaén y autor de un libro[81] sobre este tema— describieron esta masa esponjosa como una especie de barro seco, de color gris rojizo, con paja, encima de la cual había un canto rodado.

El 19 de enero de 1975, José Enrique Guerrero de Guindos captó fotos extrañas en la casa de María.

---

[81] José Martínez Romero, *Las caras de Bélmez*, Martínez Roca, Barcelona, 1978.

El 16 de febrero de 1975 se produjeron ectoplasmas; eran las 12.30 del mediodía y fueron testigos de ello Luis Bachiller, Rafael García Blanco, Miguel Rodríguez Montálvez y Germán de Argumosa. Sobre el fondo ennegrecido de la cocina apareció algo así como una neblina grisácea que, muy a ras de la superficie del cemento, se fue introduciendo en él, definiéndose como el perfil de un rostro a modo de silueta. Se trató de entorpecer la formación con la mano y con un paño húmedo, pero sin resultados. Ese mismo día, y en presencia de las mismas personas, apareció una teleplastia fugaz que dulcificó uno de los rostros, que hasta ese momento había tenido un rictus de amargura.

Curiosidades sobre las caras

¿Son las caras organismos vivos? Testigo de excepción de este fenómeno fue el propio padre Pilón. Parece ser que acudió a Bélmez un grupo de acupunturistas de Valencia —Vicente Gomar, Francisco M. Jiménez y Alberto Jiménez—. Al aplicar el acupuntómetro a la figura del anciano pelón, el aparato reaccionó como si se tratara de una persona viva, es decir, se pudieron detectar todos los puntos energéticos activos que suele tener una persona.

Características de su formación

Las caras de Bélmez pasan por un proceso dinámico supeditado a un principio de máxima efectividad y expresividad con un mínimo de líneas. A veces, las líneas tienen bivalencia o incluso trivalencia. El creador es ahorrativo.

No todas las caras evolucionan a la misma velocidad. Algunas no se modifican a través de los años o se alteran muy lentamente. Otras, sin embargo, parece que pueden surgir en uno o dos días, en dos minutos o en media hora.

¿Proceso exógeno o endógeno?

Parece ser que el fenómeno no se produce de dentro a fuera, sino todo lo contrario. Según algunos testigos, aparece un débil velo de neblina grisácea que se posa sobre la superficie del cemento y toma rápidamente la forma de un rostro para quedar seguidamente incorporado a la superficie del cemento de un modo indeleble.

¿La ausencia de María afectaba a las caras?

Cuando María tuvo que ser hospitalizada durante dos semanas, las caras se empezaron a difuminar. Es evidente la relación que existe entre María y las caras. Cuando años más tarde se le sugirió a María la posibilidad de que se trasladara temporalmente fuera de su casa para comprobar la vinculación entre ella y el fenómeno, siempre contestaba algo enfadada: «Son las caras las que tienen que irse de mi casa». También aseguraba que daría cualquier cosa por descubrir una mañana que todas las caras habían desaparecido.

Es evidente para cualquiera que conoció bien a María que, a pesar de su aparente rechazo hacia las caras, éstas formaban ya parte de su vida. Todos los días, cuando pasaba la fregona por su cocina, hablaba con los personajes que afloraban en el suelo, y esta insólita compañía mitigaba su soledad y le daba aliento para seguir viviendo.

¿Qué pasaba si se alejaban las caras de la casa de María?

Si se separaban las caras del lugar donde aparecían, el proceso de formación se detenía o se retrasaba enormemente. El 1 de noviembre de 1975 se recortó la plancha de cemento que contenía «el anciano pelao», como muchos lo conocen. Desde entonces esta figura se encuentra apoyada en la pared y permanece inalterada. Por otra parte, la cara que se empotró en la pared de la cocina, en los comienzos del fenómeno, ha ido cambiando sus facciones y el retrato se ha convertido con el tiempo en una cara en fase de descomposición de aspecto espeluznante.

A veces, en la superficie de las caras aparecía una especie de veteado que recordaba los preparados de tejido celular.

Antecedentes de hechos extraños en la misma calle

Hace ya varios años, cuando vivían los suegros de María, esta casa y la colindante, el número 7, formaban una sola vivienda. Curiosamente, también existe una tradición de hechos extraños y fantasmas en esa zona.

Antonio, el peluquero, recuerda que su abuela Francisca contaba siempre haber presenciado cómo el anterior propietario de la casa de María —conocido como «el tío Jabonero»— enterraba en el corral a su propia hijastra, después de violarla y darle muerte. Para potenciar el relato de la pesadilla, Antonio terminaba diciendo que la otra hijastra del tío Jabonero desapareció un buen día sin dejar rastro.

Hipótesis

• Fraude

En la primera época, en un momento de la investigación se pensó que podría haberse utilizado nitrato de plata en el mortero de cemento. Parece ser que de haber existido esta sustancia, ésta habría actuado como placa sensible y bastaría proyectar imágenes sobre el suelo para que éstas se fueran revelando poco a poco. También se barajó la posibilidad de que hubiera existido hidróxido sódico.

Tanto los análisis del Instituto Hidrológico y Mineralógico de Valencia, realizados en 1975, como los de tipo químico efectuados por el Grupo Hepta —en 1991 en el Instituto de la Cerámica y el Vidrio y en 1994 por difracción de rayos X—, fueron negativos.

–Análisis del Instituto de la Cerámica y el Vidrio (15 de febrero de 1991). Consejo Superior de Investigaciones Científicas (doctor Fco. José Valle Fuentes y don Juan Antonio Martín Rubí).

	Muestra A = 30 mg	Muestra B = 60 mg
Cinc	0,96	0,40
Bario	0,02	0,15
Cobre	0,01	0,16
Cromo	0,09	0,02
Fósforo	0,06	0,30
Plomo	0,21	0,06

–Análisis cualitativo de dos muestras por difracción de rayos X (J. L. Sagrera, 22 de julio de 1994).

Compuestos cristalinos mayoritarios:

Muestra 1: Calcita	Muestra 2: Dolomita
Vaterita	Calcita
Cuarzo	Portlandita
Portlandita	

Como en el análisis de 1975 se había detectado melanocrato en el mortero de cemento, sustancia utilizada para acelerar el proceso de fraguado, y como es un producto orgánico higroscópico, se alegó que las caras eran el producto de una configuración casual, de una distribución aleatoria de esta sustancia en función de los diversos grados de humedad ambientales.

Como nota pintoresca, se dijo que «el pelao» era el resultado de la impronta de un zapato número 39 sobre el suelo fresco de hormigón.

- María como agente psíquico creador de las caras

Cuando María era pequeña, las niñas no querían estar cerca de ella, jugando o en clase, porque oían voces a su alrededor, sentían empujones surgidos de la nada y las muñecas se movían solas.

La parapsicología califica las caras de Bélmez como teleplastias y estarían producidas por la fuerza psíquica de una persona viva que a distancia e inconscientemente puede producir fenómenos de efectos físicos.

En el caso de que fueran María y su psique el origen de estas formaciones, María tendría la capacidad de producir una alteración molecular del mortero de cemento con el fin de asociar las partículas oscuras de su composición y poder así *dibujar* los personajes de su cocina. También podríamos estar ante su capacidad para aportar un tipo de materia ajena al cemento, que podría adherirse a su superficie como si de una calcomanía se tratara.

- Fuerzas telúricas

Ya en el siglo x se decía que toda la comarca de Bélmez se hallaba bajo la influencia de una poderosa corriente telúrica que recorría su territorio. A esta corriente se le daba el nombre de «la carrera de las nubes». El valor de un terreno aumentaba extraordinariamente de precio si estaba ubicado en su recorrido porque se creía que esa tierra era mucho más fértil.

A pesar de esa creencia popular, la casa de María no tiene grandes alteraciones del campo magnético que hagan pensar que se asienta sobre «la carrera de las nubes». Un campo magnéticamente alterado puede afectar a las personas sensibles o proclives a producir fenómenos paranormales, potenciando sus capacidades. Pero tampoco es el caso de la casa de María.

La mayoría de los investigadores creemos que era María y su energía psíquica inconsciente las que producían las teleplastias, pero existen otras hipótesis que hablan del Más Allá como agente creador e inductor del fenómeno de Bélmez.

• El Más Allá como creador de las caras

Muchos creen que la casa de María es una puerta que se ha abierto al Más Allá. Debajo de la casa de María aparecieron huesos, y las caras serían la manifestación de esas personas enterradas bajo su suelo. Al decir de muchos, las caras serían entonces una petición de ayuda o de atención de aquellos que no han encontrado todavía el descanso eterno.

Manolo Franco, el famoso sanador malagueño ya fallecido, estaba convencido de que María era una médium ectoplasmática, utilizada por entidades fallecidas muy aficionadas a la pintura y al dibujo, como Gasparetto o Medrano.

Una médium colombiana declaró: «Las caras quieren hablar pero no pueden. Quieren hablar, pero no conmigo. Están girando por la habitación».

Hans Bender, en una conferencia que dio en un colegio mayor de Madrid, dijo textualmente: «Los sucesos de Bélmez dan la impresión de ser producidos por muertos sin descanso».

Algunas caras parecían representar a personajes medievales, otras podrían pertenecer a los aguafuertes de Goya. Algunas se asomaban al cemento con sonrisas y expresiones de sosiego. Pero es indudable que, desparramados por el suelo de la casa de María, había rostros con dolorida sorpresa y hasta terror.

Dicen que en la época de la ocupación napoleónica los habitantes de Bélmez asesinaron a dos oficiales franceses que penetraron en el pueblo en avanzadilla. Para hacer desaparecer los cadáveres no se les ocurrió otra cosa que quemarlos en el horno del pan. Dicen también que cuando el resto de los franceses ocupó Bélmez, hubo grandes represalias porque descubrieron en el horno restos de los oficiales y los botones de los uniformes que el fuego no había conseguido hacer desaparecer. ¿Quiénes pudieron ser las víctimas? Los hombres estaban en los montes, formando parte de las guerrillas. Sólo quedaban en las casas las mujeres, los niños y los ancianos.

Precisamente porque la casa de María se asienta al lado de una iglesia es de suponer que ésta tendría pasadizos por donde huir durante un asedio o para esconderse ante una amenaza; pasadizos que podrían haberse prolongado bajo la casa de María y que se habrían convertido en refugio eterno si sus ocupantes no pudieron salir, o en su tumba, si fueron descubiertos por el enemigo.

La tragedia, con las mismas características, bien pudo ocurrir durante los años de la reconquista cristiana. Los pueblos pasaban, en horas o en días, de unas manos a otras. Estas dos hipótesis podrían explicar la apariencia de las caras: representan a mujeres, niños y ancianos, sus peinados son o medievales o goyescos.

• La tragedia del santuario (marzo-abril de 2003)

El hipnólogo Ricardo Bru llevó a Ana Castillo, una médium, a la casa de María, en Bélmez de la Moraleda. Cuando esta mujer entró en trance empezó a describir lo que veía: «La matanza de una familia, un hombre fusilado, disparos, cañonazos, un edificio derrumbándose...».

A través de este hilo conductor se descubrió que una hermana de María, casada con un guardia civil llamado Miguel Chamorro, y sus cinco hijos murieron en 1936 en el asedio del santuario de Santa María de la Cabeza, que duró 256 días.

Iker Jiménez y Luis Mariano Fernández, autores del reportaje publicado en el número de abril de la revista *Más Allá*, contaron cómo localizaron el único retrato que existe de la familia Chamorro. Lo tenía una de las hijas del guardia civil, que sobrevivió al asedio: Isabel María Chamorro, que fue alcaldesa de Bélmez de 1974 a 1976. En el retrato aparece el matrimonio y las hijas que fallecieron con ellos: Juana, de 23 años, Ana, de 21, y el padre, Miguel, de 49, murieron envenenados por comer bulbos de *cicuta minor*. La madre, Isabel, de 44 años, Carmen, de 18 años, Remedios, de 8, y Francisca, de 4, murieron por el fuego de morteros.

Una vez que obtuvieron los retratos, utilizaron los programas Confront GB, MGI y Schcokk. De este modo se obtiene un nivel de concordancia de un 68,3 por ciento en modo forzado. Estas pruebas de traza fisionómica comparan 18 puntos clave de cada cara.

• Sigue el misterio

Las caras de Bélmez no son pinturas porque no se han formado con la aportación de productos químicos ni con pigmentos naturales. Son sencillamente un fenómeno natural, aunque desconocemos su exacto proceso de formación. No hay que olvidar que el profesor Hans Bender aseguró que «las caras de Bélmez eran el fenómeno paranormal más importante de Europa de los últimos tiempos».

¿Son protagonistas de un pasado que clama justicia? ¿Son artistas ya fallecidos, nostálgicos de su arte? ¿Fue el inconsciente de María el creador de los rostros enigmáticos? Se ha especulado con que a la muerte de María todas las caras no han desaparecido, que existen nuevas líneas que se podrían estar configurando. Algunos aseguran que el fenómeno también parece producirse en casa de una sobrina de María.

Mientras la gente sigue emitiendo mil y una hipótesis sobre el origen de las caras, el misterio sigue en pie. Lo asombroso es que algunas caras, o lo que queda de ellas, como extraídas de una pesadilla, siguen asomándose silenciosas desde el suelo de cemento al bullicio, al sol y las flores de este pueblecito andaluz.

Capítulo IX
HIPÓTESIS

Causas naturales

Si no toda la fenomenología, sí gran parte de ella puede indudablemente estar justificada por hechos totalmente naturales. Los ruidos extraños pueden estar producidos por la presencia de roedores, por la carcoma, por las aves nocturnas, por las termitas, por las conducciones de agua en las tuberías, por las dilataciones térmicas de algunos materiales o por las vibraciones mecánicas propias de las redes subterráneas de los servicios urbanos.

Fraude

En toda investigación paranormal, el primer elemento que hay que desechar es la posibilidad de que el origen de la fenomenología sea fraudulento. Consciente o inconscientemente existen afanes de protagonismo, psicopatías, frustraciones, sentimientos de culpa, problemas familiares o de soledad, incomunicación, búsqueda de lucro y de notoriedad, y otras causas más que pueden determinar que los fenómenos o bien se inventen o bien se produzcan por medios mágicos, o por la propia inventiva.

Causas trascendentes

A pesar de que las líneas tradicionales de la investigación paranormal se basan en el ser humano y su psique como origen de los fenómenos, también existe una corriente igualmente válida y vigorosa que justifica muchos de ellos como producto de las intervenciones de identidades del mundo espiritual.

La infestación diabólica

Recordemos que en épocas pasadas el hombre se enfrentaba a lo que no podía comprender creyendo sencillamente que era producto de Dios o del demonio. Todavía hoy los disturbios de orden físico que se pueden presentar en un poltergeist son tan incomprensibles, tan poco aceptados por la lógica racional y por las leyes conocidas, que muchos tienen la tentación de seguir aplicando la misma fórmula que nuestros antepasados y señalan al Maligno como causa indiscutible de la fenomenología.

Los espíritus

En esta gran familia de causas trascendentes hay que tener muy en cuenta los principios espiritistas que sustentan la teoría de que una esencia personal espiritual-anímica puede sobrevivir a la muerte corporal del hombre.

Los movimientos de objetos, los aportes, los ruidos, los dibujos y toda la parafernalia que puede presentarse en una casa encantada no serían sino las travesuras de los espíritus burlones, de entes inferiores, la llamada de atención de alguien que necesita ayuda en el Más Allá, o del recién fallecido, que sin tener conciencia todavía de que está muerto permanece cerca de nosotros, provocando fenómenos físicos.

La teoría de la impregnación

Se dice que todos impregnamos el entorno con nuestras vivencias y que éstas permanecen aun después de habernos ido. Ésta sería la teoría de la impregnación.

Algunos investigadores sugieren que el campo electromagnético que rodea la materia podría grabar los acontecimientos, y nuestra facultad psíquica podría reproducirlos en la mente, superponiéndolos a la imagen que captan nuestros ojos. A mayor emoción en el acontecimiento, la grabación sería más fuerte y perfecta.

Otros estudiosos de lo paranormal hablan de decodificación y consideran que el dotado o sensitivo, cuando toma contacto con nuestro entorno, decodifica esa información latente. El mecanismo funcionaría igual que con las ondas de radio o las hertzianas de televisión: no las oímos ni las podemos ver, aunque están a nuestro alrededor, hasta que ponemos en marcha el aparato que las decodifica. La percepción extrasensorial podría decodificar la información latente, ¿quizá porque existe en nosotros algún receptor sensorial que no se ha descubierto todavía?

En cualquier caso, la percepción de hechos pasados podría aplicarse a las apariciones, como retazos de historia que son. De ahí su indeferencia al entorno o a los testigos, sus movimientos repetitivos, su apariencia de fotogramas de película antigua. Esta información podría emanar de lugares muy cargados, creando la impresión en la mente de ciertos testigos sensibles de que en realidad están presenciando sucesos originales.

Hipótesis animistas

En estos últimos años la investigación ha demostrado que los fenómenos poltergeist tienen una relación evidente con una persona viva y presente cuando estos ocurren. Estas personas no saben dar el cauce adecuado a sus problemas conscientes o inconscientes, y se ha demostrado que, en cuanto los resuelven, los fenómenos dejan de producirse. Cuando a través de la investigación se identifica el agente causante, el lugar recupera la paz y el orden con su ausencia. Claro que si el individuo sigue sin resolver sus conflictos, los fenómenos le seguirán allí donde se traslade.

Para Fodor, psicoanalista y director del instituto internacional londinense para la investigación psíquica, un poltergeist es el resultado de la proyección de frustraciones. Cada uno de nosotros podemos resolverlas de manera diferente. Podemos demostrar directamente nuestras emociones, podemos cargar sobre otros nuestra agresividad, convencernos de que el problema no existe, o desarrollar un rasgo totalmente opuesto a nuestros sentimientos para solapar el problema. Un poltergeist puede ser la manifestación psíquica de alguna de estas defensas que podríamos equiparar a la rabieta de un niño al que no le dejan salirse con la suya. A los niños no siempre se les permite expresar su ira o su frustración. Si pudieran, lo harían, rompiendo cosas, golpeando las paredes o volcando cacharros. Esto es precisamente lo que suele ocurrir en un síndrome de poltergeist. Algunos casos revisten características violentas. El agente causante descarga su agresividad de una manera espectacular.

En Ciempozuelos,[82] Madrid, vivía una familia formada por un matrimonio y dos niños. El padre, Javier, fue maltratado por su padre, bebedor y ludópata. Javier tuvo que sufrir muchas humillaciones, desprecios y hasta una paliza que le dejó cojo

---

[82] Caso Grupo Hepta, 1998.

para siempre. Se veía obligado a trabajar en un bar hasta muy tarde y al volver a casa su padre le arrebataba el poco dinero que era capaz de reunir. Curiosamente, cuando conocimos a Javier su padre llevaba muerto mucho tiempo, pero seguía viviendo en su mente. Inexplicablemente, en vez de rechazar la violencia, Javier repetía el patrón de su padre. Le echaron del trabajo por agredir al capataz, y la mujer vivía muy asustada. Reconoce que tiene un problema de agresividad incontrolada.

Comprobamos que Javier producía fenómenos poltergeist precisamente cuando no podía descargar la violencia de su carácter en el entorno. Su mujer nos contó que precisamente cuando parecía más calmado, los platos saltaban del escurridor, los pestillos se cerraban, se volcaba el azucarero y, a su paso, estalló una mampara de cristal de la cocina.

En estos casos, sólo un tratamiento psiquiátrico puede tratar una personalidad conflictiva como la de Javier, restableciendo su paz interior y diluyendo los fenómenos de su entorno como un azucarillo.

Los profesores Roll y Bender aceptaban la hipótesis de la represión de sentimientos hostiles, pero añadían que también existen otros factores psíquicos, como los conflictos sexuales y religiosos o los sentimientos de culpabilidad, como posibles factores desencadenantes.

Los monstruos del dormitorio

Era la mujer de un marino retirado. En nuestra primera visita[83] la familia parecía disfrutar de una felicidad y armonía

---

[83] Caso Grupo Hepta, 1997.

perfectas. Acudimos a su casa porque ella veía unos monstruos cabezudos y horribles cada vez que entraba en el dormitorio. Nada parecía indicar la existencia de conflictos entre sus miembros. Ella era profesora y tenía tres hijos, ya superada la adolescencia. Los chicos no eran muy amables, rehuyeron la mirada y en cuanto pudieron se escabulleron de la reunión.

La experiencia nos sugiere que estamos ante unas proyecciones mentales de la madre. Sólo ella veía a los monstruos en el dormitorio, y su conversación nos indica que es perfectamente coherente. Cuando nos despedimos quedo con ella al día siguiente para tomar un café. Una charla distendida en privado puede obrar milagros en las personas.

Frente a frente es cuando se van desgranando los pasajes de su vida. Su marido, el marino retirado, siempre ha sido un hombre violento y autoritario, déspota y tirano con todos los miembros de la familia. En sus ataques de cólera, lo mismo tiraba del mantel en mitad de la comida, rompiendo vajilla y desparramando la comida, que les perseguía, a ella o a los chicos, con su pistola reglamentaria. La situación se hizo tan extrema que ella tomó la determinación de separarse. Pensó que de este modo recuperaría la paz, pero no fue así. El marido se vengó de ellos estrangulándolos económicamente. Con su sueldo ella sola no podía cubrir las necesidades de sus hijos y muy pronto, en vez de ayudarla, le recriminaron su decisión y las limitaciones en las que se veían. La presión fue tan enorme que volvió con su marido por el bienestar de sus hijos. Después de todo era natural que ahora, cuando esta mujer entraba con el marido en el dormitorio, su angustia y rechazo proyectados se convirtieran en monstruos de pesadilla.

La muerte de dos ancianos

Durante muchos años han vivido fuera de España. Su carrera les obligaba a destinos de representación. Un día, sin embargo, quieren volver a Madrid. Desean recuperar la casa que durante cuarenta años han tenido alquilada a un matrimonio sin hijos, y pleitean hasta que consiguen echarlos. Por fin se instalan en ella y la decoran con todos los recuerdos y maravillas que han ido coleccionando de sus estancias en países exóticos. Los amigos les dan la bienvenida y todo parece ir bien hasta que a los pocos meses se enteran de que la pareja de ancianos que habían vivido alquilados en la casa se han muerto de tristeza al haber perdido lo que había sido su hogar durante cuarenta años...

Pronto empiezan los fenómenos: golpes en la pared, timbres y teléfonos que suenan, y bolas luminosas en el cuarto de los chicos.

Acudimos a su llamada.[84] La casa es preciosa, decorada con lujo y buen gusto, pero en ella se palpa la inquietud y la preocupación. «¿Por qué nos pasa esto?», se preguntan. Nos cuentan que la hija oye voces en su cuarto que le dicen «Estamos aquí».

Todas las mediciones de tipo físico fueron negativas y sin embargo hubo un contacto psíquico que reveló un mensaje: «Hemos vivido en esta casa de 1940 a 1983. Es nuestra. Nos la quitaron. No teníamos a dónde ir».

A petición de la familia, el padre Pilón dijo una misa por el alma de los ancianos. Durante la ceremonia, la cinta magnetofónica grabó ruidos extraños. Y a pesar de todo nosotros zanjamos el caso con el diagnóstico de poltergeist. ¿Por qué?

---

[84] Caso Grupo Hepta, 1994.

Porque el contenido del mensaje no revelaba nada nuevo, porque toda la familia, padres e hijos, conocían el problema de los inquilinos mayores: habían vivido en la casa más de cuarenta años, y no tenían a dónde ir cuando se fueron. Finalmente porque todos tenían en la conciencia que no habían actuado bien, y ese sentimiento de culpa es suficiente para desencadenar tanto los fenómenos como las palabras oídas por la hija: «Estamos aquí».

Cuando se producen fenómenos poltergeist en una casa, raramente se asume que uno mismo es el origen de estas manifestaciones tan espectaculares. En estas circunstancias se suele acudir a los espíritus o a los demonios para seguir manteniendo el rol de víctima, rechazando la necesidad de un cambio psicológico.

Algunas investigaciones apuntan que un poltergeist no es un problema sino una terapia que nuestro propio organismo utiliza como mecanismo liberador, evitando así que el excesivo estrés pueda producir un daño mental irreparable.

A pesar de que conocemos mucho sobre los poltergeist, su naturaleza básica sigue siendo un misterio, porque no todos siguen una misma pauta, y además hay que admitir que puede ser el resultado de procesos psíquicos diferentes.

Existe el clásico poltergeist, mal llamado «de adolescentes», porque también las personas mayores pueden ser protagonistas. En este caso, el movimiento de objetos suele producirse alrededor de ellos y siempre que ellos están presentes. El comportamiento y evolución de estos tipos de poltergeist es infantil y elemental.

Pero a veces surgen los poltergeist del tipo II. Son violentos y demuestran una inteligencia bien definida, como si fuera ajena al entorno en el que se producen. Las teleaportaciones, las levitaciones, los movimientos de objetos, los ataques a personas, los incendios e inundaciones son los fenómenos típicos de esta segunda serie.

Hans Bender, profesor de la Universidad de Friburgo, llegó a la conclusión de que a diferentes culturas, diferentes poltergeist.

El poltergeist y la casas encantadas siguen perteneciendo a la gran familia de lo paranormal porque a pesar de admitir las hipótesis de la represión de frustraciones, los conflictos sexuales o religiosos o los sentimientos de culpabilidad como justificantes válidos para contestar a la pregunta ¿por qué?, la parapsicología no tiene aún una respuesta concreta y demostrable para explicar el cómo.

Algunos experimentos de principios del siglo pasado, dirigidos por Ochorowicz, quisieron demostrar que el sensitivo emitía una energía en forma de «rayos rígidos» de hilos sumamente delgados y fuertes que formaban madejas y podían así actuar sobre los objetos.

Pocos años después, Crawford pretendió establecer su hipótesis de la «palanca psíquica», deduciendo que existía este tipo de palanca embutida en el sensitivo e integrada en su cuerpo, facilitándole así el movimiento de objetos a distancia.

Myers habló de «telergia» y otros de «fluido psíquico», y a pesar del tiempo transcurrido todavía hoy se sigue barajando la hipótesis de la «psicorragia», por la cual el sensitivo, el agente causante de los fenómenos, emitiría inconscientemente una energía de origen psíquico que produciría efectos físicos en su proximidad.

Algunos investigadores han barajado la posibilidad de que la fuerza que mueve los objetos pudiera no ser proyectada por el sensitivo, sino que éste podría utilizar una fuente energética ajena a él.

Existen leyes fundamentales que regulan los movimientos de objetos cuando se ejerce una fuerza sobre ellos. Si se lanza una pelota, se puede predecir, por ejemplo, cuánto tiempo va a mantenerse en el aire antes de caer contra el suelo. Esto se conoce como «el cuadrado inverso», porque el objeto pierde impulso en función del cuadrado inverso de la distancia. Sin embargo, hay que aplicar la «ley de pérdida exponencial» si se lanza la pelota a través de un medio más denso que el aire.

El famoso parapsicólogo, especialista en poltergeist, William G. Roll, comprobó que la distancia que recorrían los objetos en los casos de poltergeist era directamente proporcional a la distancia física del sensitivo. Más tarde se averiguó que ni los movimientos ni la distancia recorrida de los objetos seguían la «ley del cuadrado inverso», sino la función de «pérdida exponencial». Esto sugiere la posibilidad de que el sensitivo produzca un campo no físico o invisible por el que se mueven los objetos.

Roll y sus colaboradores encontraron otro principio más: aquellos objetos que se movían cerca del sensitivo, se movían en distancias cortas y en una sola dirección, mientras que los más lejanos se movían y recorrían mayores distancias y en dirección opuesta. Un vórtice sigue este mismo principio.

Robertson, físico y amigo de Price, el eminente parapsicólogo británico, calculó que si se enfriase un grado tan sólo un metro cúbico de aire podría liberarse la energía suficiente para mover un objeto de 15 libras de peso (de 6 a 7 kilos). En refuerzo de esta hipótesis, tenemos la experiencia del propio Price, que estudió a la famosa médium Stela. Stela era capaz de levitar mesas y mover objetos dentro de fanales sellados, y Price pudo comprobar durante estas demostraciones que la temperatura ambiente de la habitación descendía varios grados.

Podemos especular más o menos sobre el origen de la energía de un poltergeist, pero desconocemos todavía los mecanismos a través de los cuales esta energía se transforma.

Una fuerza psíquica proyectada, una energía exterior transformada, podría explicar algunos de los fenómenos, como los raps o el desplazamiento de objetos, pero ¿cómo se producen los aportes, los fuegos, las inundaciones o los fantasmas?

Scott Rogo opinaba que nos estamos basando demasiado en la proyección de frustraciones o los sentimientos de culpabilidad. La experiencia demuestra que, a veces, un poltergeist, una vez desencadenado, se hace independiente del inconsciente que lo engendró, actuando con inteligencia propia. Los fenómenos, que en un principio son esporádicos y sin orden —aseguraba Rogo—, suelen transformarse poco a poco en un ataque bien planeado a gran escala, cambiando de estrategia y adecuándose incluso a las nuevas situaciones. Cuanto más se intensifica un poltergeist, más se parece a un plan establecido por una entidad ajena a nosotros.

Muchos investigadores comparten esta opinión con Rogo y no están nada seguros de que todos los poltergeist sean exclusivamente el resultado de expresiones psicológicas. ¿Podrían enlazarse en algún punto la hipótesis animista y la trascendental?

El misterio continúa. Mientras tanto, la parapsicología sigue estudiando pacientemente los poltergeists y la casas encantadas. De momento, sólo puede decir que estos fenómenos están provocados por causas no conocidas.

¿Qué consejos pueden aliviar la situación de un poltergeist?

- Mantenerse activo e ignorar los fenómenos.
- Hablar de lo que les pasa con el investigador que les comprende y escucha, porque esto les va a tranquilizar.
- Se pueden aliviar las tensiones canalizando hacia alguna otra cosa la energía vital del sensitivo (trabajos creativos, deporte...) y también elevando su ego cuando el problema radica en que se siente infravalorado en casa.

Capítulo X

LO QUE NO SE DEBE HACER

Pedir ayuda a las personas inadecuadas

Existen desaprensivos que autodefiniéndose como parapsicólogos sólo buscan notoriedad o beneficios económicos. Estas personas, en lugar de ayudar, alteran aún más la angustia, a causa de su información sesgada y errónea.

La picaresca y la falta de escrúpulos funcionan en todas las actividades del ser humano, pero mucho más en el mundo de lo paranormal, ya que sus fronteras no siempre se hallan bien delimitadas y la profesionalidad del investigador no siempre está garantizada y reconocida. Esta situación es terreno abonado para el intrusismo, lo mismo del lado de los sensitivos que del lado del investigador.

Hay que recordar que el parapsicólogo es el que investiga, y los psíquicos son aquellas personas que tienen una o varias capacidades paranormales, como la videncia, la facultad de curar o la mediumnidad. No suelen coincidir las dos vertientes en una misma persona y, de hecho, es mejor así, porque su aproximación a los fenómenos parte de dos posiciones bien diferenciadas.

La mayoría de las personas, cuando viven un fenómeno paranormal, tienen tendencia a acudir a los sensitivos en busca de ayuda, tratando así de resolver un poltergeist, una supuesta casa encantada o un sospechado mal de ojo. Estas personas pueden ser útiles como complemento en el proceso de investigación, pero su aproximación al fenómeno siempre será meramente espiritualista, faltándoles la objetividad y el distanciamiento necesarios para un buen diagnóstico. Acudir a ellos en primera instancia es como levantar una casa por el tejado. Lo correcto es seguir paso a paso las fases de construcción para terminar rematándola con la eficacia de una buena cubierta. Sí a los sensitivos, pero como un elemento más del equipo multidisciplinar.

Asustarse

Hay que mantener la calma y tratar de analizar la experiencia con el máximo posible de racionalidad. De este modo se podrá aprovechar mejor toda la información que aparece en los capítulos precedentes.

El aspecto con el que el fantasma aparece posee una importancia simbólica. Suelen ser personas que tienen vínculos con nosotros y procurarán aparecerse con los detalles que les identificaron en vida: con casco de piloto si fue aviador o con el jersey con el que siempre la veíamos. Pueden adoptar diferentes edades cronológicas y éstas no tienen por qué coincidir con la que correspondería a su fallecimiento. Todavía no se sabe si es que pueden modelar la materia a su gusto o si su apariencia es el resultado de una transmisión telepática que nos envían. En cualquier caso, el miedo puede destrozar la belleza del encuentro.

No hay que salir corriendo ante ellos. Sería una imperdonable falta de delicadeza. Ya hemos visto lo difícil que les resulta hacerse visibles. Si una vez que han establecido contacto con nosotros comprueban el terror que nos infunden, podrían no intentarlo de nuevo y perderíamos la oportunidad de nuestra vida. Ahí es nada, ¡conversar con un fantasma! Recuerden: al verlo, lo correcto será preguntarle qué quiere o qué necesita.

Dejarse avasallar

Ya sabemos que los fantasmas sólo quieren protegernos, ayudarnos, observar nuestras vidas o pedirnos ayuda. Pero también sabemos que a veces se quedan prendidos de nuestra realidad por razones menos altruistas. En estos casos, su presencia o manifestación puede llegar a ser molesta porque nos quita la intimidad o porque nos mantiene en continuo sobresalto.

Si no conseguimos averiguar por qué vienen a nosotros y la situación se hace insostenible, parece lícito que tratemos de hacerles entrar en razón. Respecto a la tecnología, se sabe que los ultrasonidos eliminan su presencia, y los psíquicos recomiendan para estos casos las palabras enérgicas y el rock duro. Del mismo modo que para protegernos de las agresiones psíquicas del exterior podemos meternos mentalmente en una burbuja luminosa, también podríamos mentalmente meter en una redoma o recipiente a los fantasmas insistentes y, una vez taponado, trasladarlo a un lugar apartado y lejos de la casa. Como si estuviéramos tratando con el genio de Aladino.

Olvidar ciertas ideas básicas

- Existen los fantasmas de vivos.
- Una cosa es un espectro y otra, muy diferente, un fantasma.

- Una cosa es un poltergeist y otra una casa encantada.
- Tienen mucha importancia la historia y antecedentes del lugar, la psicología de sus habitantes y la fecha de iniciación de los fenómenos. Conviene comprobar si coincide ese momento en el tiempo con algún acontecimiento personal o familiar significativo.
- Los fantasmas vuelven para pedir ayuda, para entregarnos un mensaje, para auxiliarnos o para volver a ver sus cosas o seres queridos, nunca a hacernos daño.
- A pesar de que pueden aparecer y desaparecer, cambiar su aspecto y atravesar paredes, son personas como nosotros, sólo que están en otra dimensión.
- Hay que ser comprensivos, respetuosos y considerados ante su situación, porque ¿quién puede garantizarnos que algún día alguno de nosotros no va a convertirse en un fantasma?

Todos recordamos las películas *Poltergeist, Los Cazafantas-mas* y otras muchas de terror sobre casas misteriosas. Estas películas han servido y sirven para divertirnos y para atraer la atención del gran público hacia la investigación de lo paranormal. Sin embargo, el producto no deja de ser explosivo, porque el espectador retiene estas imágenes espectaculares y atractivas y acepta inconscientemente los contenidos erróneos que se le presentan.

No existen fuerzas del Más Allá que se traguen a las niñas, ni tampoco dioses monstruosos que asolen las ciudades, como tampoco los parapsicólogos tienen ambulancias con luces parpadeantes, trajes espaciales plateados, mangueras atrapaespíritus y contenedores de ectoplasmas para aprisionar a los fantasmas. Las casas pueden tener problemas, pero siempre son subsanables si se investigan correctamente. Hay que buscar la información correcta sobre el pasado de la casa y sus moradores. La falta de información y la mala información hacen que se confunda a los parapsicólogos con los sensitivos y a la parapsicología con la brujería, la magia, la ufología o lo satánico.

Antes y también ahora, los parapsicólogos suscitan miradas de ternura y condescendencia parecidas a las que otorgamos a los seres locuelos y extravagantes. También son confundidos por muchos con los exorcistas, los brujos, curanderos y demás paragnostas. Existen soberbios ignorantes que les increpan y se sorprenden de que alguien como ellos pueda dedicarse a «esas cosas».

Algunos pueden pensar que ser, lo que la gente llama un cazafantasmas, es una pérdida de tiempo, una empresa descabellada o un síntoma de indudable locura. El parapsicólogo no tiene nada de excéntrico ni de oculto, sencillamente su labor es poco conocida.

Para investigar a los fantasmas, las casas encantadas o los poltergeist hay que seguir las mismas pautas que se utilizan para estudiar cualquier fenómeno paranormal, y deben aplicarse los mismos métodos que han contribuido al conocimiento que ahora tenemos de nuestro mundo visible y palpable. En todas las épocas, el investigador ha utilizado y aplicado en su trabajo las herramientas conocidas en su espacio temporal. El hecho de que se estudien actividades extraordinarias no significa que se deje de lado la lógica. Hay que reconocer, sin embargo, que muchos científicos pierden su tiempo investigando lo que ya conocen, y la ciencia apoya más aquello que va a reportar una gratificación económica. Tenemos que ser realistas. Hay pocos investigadores, tiempo y dinero, y por eso hay más fenómenos desconocidos que conocidos.

Hay que ir al fenómeno

Los fenómenos paranormales son muy complejos. En ellos funcionan el poder del inconsciente, la percepción extrasensorial y componentes energéticos tan desconocidos como los mecanismos que actúan en su producción. Muchos investigadores se limitan al trabajo de laboratorio, a las estadísticas, al ordenador, y experimentan con sujetos con el fin de averiguar si adivinan símbolos (cartas Zener), lo que marcan los dados o los acontecimientos (técnica Ganzfeld, 1973).

Hay otra manera de investigar que obliga al parapsicólogo a desplazarse a la búsqueda del fenómeno. Es la persona que hace el trabajo de campo, la que busca la raíz del problema en el lugar en el que se produce. Esta fórmula implica una dedicación callada, discreta, minuciosa, sistemática, ardua a veces pero apasionante siempre. Este tipo de parapsicólogo trabaja en la sombra, reconstruye hechos, anota detalles, hace la historia clínica del fenómeno, de los testigos y de sus protagonistas.

Con una base sólida de conocimientos y algo de práctica, basta una sencilla conversación con la persona afectada y una inspección del lugar en donde se desarrolla el problema para que el parapsicólogo compruebe la probabilidad del fenómeno o la errónea interpretación de lo normal. Podrán surgir trastornos psicológicos, patologías mentales..., pero pocas, muy pocas veces ocurre un fenómeno auténtico. Por eso, el parapsicólogo que investiga, tanto en el laboratorio como fuera de él, debe ser una persona equilibrada, de mente abierta, flexible y tolerante, con algo de antropólogo, un poco de confesor y mucho de psicólogo y detective.

Ya en 1930, el norteamericano Herewart Carrington, gran investigador de lo paranormal, expuso lo que él consideraba las cualidades básicas de un investigador psíquico de campo: «Tiene que conocer a la perfección todo lo que se ha escrito sobre el tema. Será un buen observador. Debe tener una buena preparación en psicología y psiquiatría, en física, química, biología y fotografía».

La investigación moderna está de acuerdo con la necesidad de estas cualidades para la investigación de lo paranormal, pero es difícil, por no decir improbable, que todos estos conocimientos coincidan en una misma persona. Cada día se utilizan más los equipos multidisciplinares, cuyos miembros, aportando sus diferentes conocimientos, enriquecen la investigación y los planteamientos y ayudan a una más fácil y provechosa resolución de los casos.

Bob Cato, investigador británico y miembro del Ghost Club de Londres, comentaba con frecuencia lo aburrida que puede llegar a resultar la investigación de los fantasmas, porque puedes pasarte días y horas en un lugar donde se supone que tienen que aparecer, sin que tengas la suerte de encontrarte con ellos.

Los fantasmas no se pueden poner debajo del microscopio, ni en un tubo de ensayo, ni llevar de la mano a un laboratorio. El parapsicólogo conoce los hechos a través de los testigos. No tiene la suerte del equipo de cazafantasmas de la película, que, además de verlos y perseguirlos, también los guardaban a buen recaudo. Es una lástima que tampoco se pueda mantener con ellos una tertulia agradable y tranquila. Sus visitas suelen ser muy breves e imprevistas. Es el Más Allá el que manda y el investigador no tiene más opción que la de esperar la oportunidad de ver a uno de ellos cara a cara.

Ante la presencia de un fantasma, las reacciones pueden ser muy variadas. Hay quien niega la experiencia sencillamente porque no entra dentro de sus esquemas mentales o porque teme que los demás se rían o le tachen de trastornado. Hay quien se aterroriza y se angustia con su visión, otorgando al fantasma unas cualidades negativas que ciertamente no tienen. Es natural que así sea porque siempre sorprenden, por lo inesperado de su aparición. Cuando surge el miedo y la confusión es cuando llega una llamada telefónica buscando ayuda: «No piense que me he vuelto loco», dicen unos; «No va a creerse lo que me ha pasado», aseguran otros. Y es en ese momento cuando en respuesta a la demanda de ayuda entra en acción el engranaje técnico y humano del equipo de investigación.

Para aquellos que quieran iniciarse en la búsqueda de fantasmas o en la investigación de las casas encantadas y deseen tener más éxito en la aventura, deberán utilizar los instrumentos adecuados, cuya selección es fruto de los muchos años de experiencia en el mundo de la investigación paranormal. El listado que reproduzco a continuación corresponde al material utilizado por el Grupo Hepta, de tipo multidisciplinar, que sigue de cerca lo que se está empleando en otros países, y consta de:

- Un bloc para tomar notas y bolígrafo o rotulador.
- Linternas.
- Pilas de repuesto (inexplicablemente, las pilas se descargan en los lugares de conflicto, porque los fantasmas absorben su energía).
- Relojes, para comprobar la hora de los hechos. También es conocido por los investigadores que algunos relojes se paran cuando hay actividad espiritual.
- Brújula. Los campos alterados modifican el comportamiento de las brújulas.
- Medidor de campos magnéticos. Sería estupendo un aparato que pudiera medir estas alteraciones a distintas alturas. No olvidemos que un campo alterado puede tener su origen en una presencia fantasmal o puede convertirse en un elemento necesario para su materialización.

• Cámara fotográfica. Una cámara digital permite ver de inmediato los resultados. Además, estas cámaras suelen ser sensibles al infrarrojo. Como contrapartida, no tienen negativos que analizar. Algunos investigadores prefieren el sistema Polaroid. Los espíritus se manifiestan bajo formas eléctricas. Las cámaras digitales son más adecuadas para la interpretación de este tipo de energía. Si no se captan fantasmas con la fotografía, no quiere decir que no los haya. Sencillamente su frecuencia es más alta que la que puede captar el ojo humano. De ahí la ventaja de la fotografía de alta velocidad. El factor más importante es estar en el lugar y en el momento adecuados. También se han obtenido buenos resultados si nos dirigimos al fantasma y le pedimos su permiso para hacerlo.

– Orbs: son círculos inexplicables o bolas de luz. Pueden moverse a la velocidad del relámpago o balancearse suavemente de una forma curiosa. Atraviesan los objetos, y la intensidad de la luz puede variar. A menudo aparecen con un núcleo, igual que las células. Son más activos con los infrarrojos. Si partimos de la base de que los fantasmas poseen un campo electrostático, algunas partículas de la atmósfera podrían verse atrapadas en este campo marcando la presencia de estas entidades. Los orbs se captan mejor con videocámara.

– Nieblas: aparecen en algunas fotos y son similares al humo. Unas veces se captan sin forma mientras que otras se modelan como cuerpos o caras. Las nieblas podrían ser apariciones cuyo cuerpo ha roto el molde de la personalidad física. Aparecen en movimiento.

– Apariciones con cuerpo: muestran una parte o la totalidad del fantasma. Las imágenes parciales se captan con mayor frecuencia en las fotografías. Los colores captados pueden tener relación con la frecuencia, con la longitud de onda electromagnética y con su temperatura. El rojo sería el más frío, el azul es más caliente que el rojo y, por último, el blanco sería el más caliente.

Se recomienda la utilización de una cámara de tres dimensiones, que tienen dos lentes separadas 6,5 cm una de otra.

La credibilidad del fotógrafo es esencial en esta rama de la investigación.

- Videocámara. Es fundamental para cualquier investigación. Utiliza un CCD (sensor) igual que las cámaras digitales y por eso es sensible al infrarrojo cercano. Las cámaras de vídeo con prestaciones nocturnas captan aún más. Los fabricantes suelen colocar un filtro sobre el CCD que corta el acceso al infrarrojo. Lo hacen para evitar distorsiones en las imágenes y adecuarlas al ojo humano. Las cámaras con características nocturnas tienen la posibilidad de retirar este filtro con un interruptor, y permiten al usuario disfrutar de toda la sensibilidad del CCD. Es una pena que el CCD no sea igual de sensible al ultravioleta.

- Casetes y grabadora. Pueden servir para captar psicofonías y también para conservar las conversaciones que se mantienen con las personas que piden ayuda. Muchas veces sus declaraciones son esenciales para analizar su psicología, establecer posibles conflictos en el seno familiar y recopilar nuevos datos.

- Cámara anecoica Faraday. Se utiliza para introducir en ella la grabadora. De este modo, el investigador se asegura de la autenticidad de la posible psicofonía, ya que

247

esta cámara eliminará las posibles ondas espurias de radio y la mayoría de los sonidos ambientales.

- Detector de infrarrojos. Son unidades compactas y manejables. De este modo pueden localizarse las masas de energía invisible y fotografiarlas.

- Péndulos. Para detectar los campos magnéticos alterados, si se carece de magnetómetros y siempre que se tenga práctica en radiestesia.

- Termómetros. Para localizar puntos fríos. Cuando un fantasma trata de materializarse absorbe energía del entorno, ya que el calor es una forma de energía. Existen termómetros que rastrean las emanaciones de calor —infrarrojas— de un objeto y son capaces de calcular su temperatura y distancia.

- *Walkie talkies.* Con estos aparatos se logra que los investigadores estén permanentemente conectados cuando entre ellos existe una distancia que no les permite el control visual.

- Teléfonos móviles. Tienen la misma finalidad que los anteriores y además mantienen a los investigadores conectados con el exterior.

- Polvos blancos para detectar huellas. Cuando se sospecha algún tipo de fraude, se esparcen los polvos de talco. De este modo, si existe algún comportamiento fraudulento, las pisadas del infractor quedan marcadas en ellos.

- Lámpara de luz negra. Muchos investigadores utilizan los ultravioleta para potenciar los contactos con las entidades del Más Allá, a través de las psicofonías y las psicoimágenes. En estos momentos la utilización de luz negra está en fase de experimentación.

- Binocular de visión nocturna. Permite ver por la noche sin producir interferencias de luz y también observar los campos de infrarrojos.
- Generador de ultrasonidos. Tanto en Estados Unidos como en otros países se ha demostrado la eficacia de los ultrasonidos para hacer desaparecer las entidades o fantasmas que proporcionan molestias. No se sabe exactamente por qué, pero existen dos hipótesis: o bien los ultrasonidos perturban su composición energética y por eso se van, o bien este tipo de energía, sumada a la que ellos tienen, les facilita la evolución a planos existenciales de más alta vibración, logrando el mismo resultado.
- Generador electrostático. Sólo los «cazafantasmas» avezados deben usarlo, ya que manejarlo requiere tener nociones sobre la física de la electricidad. Si la materialización de los fantasmas depende de las cargas electrostáticas, con la emisión de estos iones estaremos potenciando su presencia.
- Detectores de movimiento. Situados en puntos estratégicos, pueden controlarse intrusos no deseados en la investigación, o captar energías en movimiento que hagan saltar la alarma.
- Luz estróbica. Las imágenes de un televisor parecen estables, sin embargo parpadean varias veces por segundo. Muchos cuentan que captan los fantasmas por el rabillo del ojo, y esto es así porque nuestro cerebro posee un porcentaje de parpadeo.
- Un archivo. Para los informes de cada caso, para negativos, mediciones, planos, señas, fotografías y cualquier otro dato que se recopile.
- Uno o varios compañeros. El elemento humano es esencial y la labor del equipo, insustituible. La ayuda mutua,

la cooperación, construyen un entramado de trabajo y amistad que proporciona excelentes resultados. Los traslados se hacen más llevaderos, las largas esperas más livianas y las aportaciones, métodos, ideas y sugerencias crean un cuerpo de investigación más sólido y coherente. La tecnología es necesaria, pero ningún aparato puede sustituir al factor humano: el investigador.

La investigación psíquica

Entre los estudiosos de laboratorio no suele aceptarse la intervención de sensitivos. Creen que la parapsicología debe regirse por criterios racionalistas y temen que la colaboración de estas personas que utilizan métodos y medios extrasensoriales puedan desprestigiar la seriedad de las investigaciones. Es curiosa esta preocupación cuando la parapsicología engloba la clarividencia, las mancias, la psicometría o las manifestaciones mediúmnicas. Estas manifestaciones son admitidas y están clasificadas por esta ciencia, que no discute su evidencia. El objeto de su estudio es descubrir los mecanismos a través de los cuales estos fenómenos se producen.

El investigador de campo, cuando ya ha agotado su metodología física, no tiene ningún inconveniente en acudir a sensitivos que puedan ayudarle en su labor. Muchos casos se han podido resolver gracias a la visualización en una bola de cristal o en un espejo, y con el contenido de una escritura automática.

Todos los casos que llegan a un grupo de investigación tienen un denominador común: la angustia o la preocupación de un ser humano del pasado o del presente. A los enfermos

siempre se les han aplicado las terapias de su tiempo, las conocidas en ese momento. Lo mismo hace el parapsicólogo:
aplica lo conocido, y su experiencia será la que determine
cómo restablecer el equilibrio y la felicidad a sus semejantes,
los verdaderos protagonistas de sus casos.

GLOSARIO

Alcaerto: para los alquimistas, disolvente universal.

Alquimia: disciplina científica y filosófica de la Edad Media que se remonta a fuentes árabes y egipcias. Su idea era que las cosas terrestres consisten en mezclas, y por esta razón tendría que ser posible transformar todas las sustancias unas en otras. El alcaerto y la piedra filosofal eran medios auxiliares para ello. La meta máxima consistía en la transformación de elementos bajos en oro.

Anilina: líquido aceitoso, soluble en alcohol, que se emplea en la industria de colorantes, pinturas y barnices.

Aportes: fenómeno que consiste en la materialización y desmaterialización de objetos. No es frecuente y siempre está vinculado a un cuadro de poltergeist.

Atanor: laboratorio y horno de fundición de un alquimista.

Avatar: cambio, dificultad, vicisitud.

Barrido fotográfico: se llama así a la fotografía sistemática de un lugar, desde distintos puntos y a horas diferentes, anotando las variantes en todo momento. De este modo, si se capta alguna anomalía pueden situarse las coordenadas espacio-temporales.

Bender, Hans: profesor y director del Instituto de Friburgo para la Investigación de las Zonas Limítrofes de la Psicología.

Miembro de asociaciones de Estados Unidos, Francia, Gran Bretaña e Italia con este mismo fin.

Bilocación: facultad de estar físicamente en dos lugares a la vez. Esta facultad se atribuía casi siempre a los santos que, como san Antonio de Padua, san Clemente o san Severo, fueron famosos entre las gentes de su época precisamente por esta capacidad extraordinaria. Sor Maria Jesús de Ágreda permanecía en su convento mientras su otro yo evangelizaba a los indios americanos, y, más recientemente, el franciscano italiano padre Pío ayudaba a enfermos y menesterosos mientras su otro cuerpo cumplía la reclusión de su Orden.

Bola de cristal: algunos sensitivos utilizan la bola de cristal para concentrarse o inducirse un estado de autohipnosis, que les ayuda a multiplicar su percepción y conectar con otras realidades.

Caleidoscopio: instrumento óptico en forma de tubo. En el fondo hay espejos y fragmentos de cristal de colores. La imagen de estos objetos, al multiplicarse simétricamente en los espejos, produce bellos y variados efectos.

Cartas Zener: cartas con cinco símbolos: una cruz, una estrella, un cuadrado, un círculo y unas ondas. Sirven para comprobar la capacidad que tiene un sujeto para adivinar los símbolos.

Chakras: siete puntos de energía situados a lo largo del cuerpo y que regulan, según las creencias hindúes, la armonía de nuestro organismo.

Combustión espontánea: fenómeno paranormal que se produce cuando un objeto entra en combustión sin razón aparente. Se han recogido casos de combustión espontánea humana.

Cook, Florence: médium que era capaz de materializar con su ectoplasma la figura de una mujer muy parecida a ella. Consiguió hacerlo más de cuarenta veces y los investigadores bautizaron a este ectoplasma femenino con el nombre de Katie King.

Cordón de plata: cuando una persona experimenta un desdoblamiento o viaje astral, comprueba que ese cuerpo con el que viaja siempre permanece unido a su cuerpo físico con un hilo plateado que a modo de cordón umbilical le conecta con la vida terrestre. Unos dice que el cordón emerge desde el plexo solar y otros de la médula, a la altura de la nuca. Es elástico y no existe el riesgo de que se rompa durante la experiencia. Algunos videntes han comprobado que el cordón se rompe cuando fallecemos.

Crookes, sir William: físico y químico inglés, descubridor del talio. Presidente de la Sociedad para la Investigación Psíquica de Londres. Se especializó en los fenómenos producidos por los médiums.

Ectoplasma: sustancia blanquecina, algo fosforescente y con distintos grados de viscosidad, que segregan algunos médiums en trance por los orificios naturales de su cuerpo. Cuando termina el trance, el médium reabsorbe la sustancia. Se ha analizado el ectoplasma y ha podido hallarse clorato de sodio, fosfato de calcio, glóbulos de grasa y células epiteliales. Los espiritistas creen que el ectoplasma es de origen espiritual.

Escritura automática: escritura producida por una persona en trance que transcribe contenidos que le dictan desde otra realidad. El estilo de la escritura difiere de la que habitualmente produce el médium en su vida normal, y no es consciente de lo que escribe hasta que no termina su estado alterado de conciencia y puede leer el texto.

Espectros: imágenes reiterativas que aparecen en lugares donde existió un drama, un acto violento o una gran carga psíquica de amor u odio. Su comportamiento ante el espectador es de total indiferencia y se asemejan a retazos de películas antiguas.

Estroboscopio: instrumento utilizado para medir por medios ópticos la frecuencia de un movimiento periódico. La medida se basa en la iluminación del objeto móvil con destellos luminosos.

Fantasmas: para la parapsicología, un fantasma es una imagen o presencia de alguien que sobrevive a la muerte del cuerpo, se manifiesta ante nosotros y se comporta de forma lúcida.

Fenómenos parabiológicos: la parapsicología engloba en este grupo los fenómenos relacionados con la biología, como la dermografía, los estigmas, las transfiguraciones, el curanderismo o la cirugía psíquica.

Gasparetto: médium que incorpora a pintores ya fallecidos y ejecuta sus obras siguiendo su estilo. Incluso firma los cuadros con su nombre.

Grupo Hepta: equipo formado por profesionales de distintas disciplinas que se dedica a la investigación de campo del fenómeno paranormal. El grupo fue creado por el padre Pilón en 1987, siguiendo las pautas de actuación que se habían implantado con anterioridad en Estados Unidos en este tipo de investigaciones. Él se encargó de la selección de los miembros, que hasta ese momento llevaban a cabo investigaciones por separado.

Cada uno tiene profesiones y actividades ajenas a la parapsicología, pero a todos les une el entusiasmo por estos fenómenos. La aportación de sus conocimientos, ricos y complementarios, ayuda a una más fácil y provechosa resolución de los casos. Su experiencia de más de veinte años justifica su buena reputación no sólo en España, sino también en el ámbito internacional.

No existen ayudas ni subvenciones a este tipo de trabajo. La investigación que Hepta realiza tiene que adecuarse a los medios que pueden sufragar los integrantes del equipo. El Grupo Hepta es altruista y sólo acepta, por parte de los que acuden a él, la ayuda en los gastos que se puedan generar en los traslados.

Componentes del Grupo Hepta:

- Padre José María Pilón, S.J., licenciado en Filosofía y Sagrada Teología.
- Lorenzo Plaza, doctor en Física.
- José Luis Ramos, doctor en Física y Medicina.
- Paloma Navarrete, licenciada en Farmacia y Psicología.
- Piedad Cavero, empresaria.
- Sol Blanco-Soler, licenciada en Ciencias de la Información.

Gualdrapa: cobertura larga, de lana o seda, que cubre y adorna las ancas de una caballería.

Hipnagógico: se refiere a la etapa previa a la conciliación del sueño o a la del despertar, en las que se manifiestan representaciones que pueden ser confundidas con la realidad.

Inconsciente colectivo: término utilizado por Jung para designar un hipotético terreno psíquico en el plano espiritual, común a todos los hombres, que contendría arquetipos, instintos y demás vivencias humanas de todos los tiempos y de todas las culturas.

Kundalini: fuerza cósmica que surge en cada persona como energía vital y tiene su sede en el chakra inferior.

Lazareto: hospital retirado de la población que se destinaba a enfermos contagiosos.

Lugares WARP: lugares donde las leyes convencionales de la física pueden cambiar, donde el tiempo lineal no siempre puede aplicarse, donde son evidentes fantasmas, impregnaciones y todo tipo de fenómenos paranormales y donde las percepciones pueden distorsionarse fuera de toda lógica.

Médium: persona que es capaz de alterar su estado de conciencia y aumentar su grado de percepción. En este estado de trance es capaz de conectar con otras dimensiones y realidades.

Medrano: posee las mismas características que Gasparetto (*véase*).

Morgue: palabra de origen inglés para designar un depósito de cadáveres o tanatorio.

Orbs: círculos inexplicables o bolas de luz semitransparentes que se captan en algunos lugares. Son invisibles al ojo humano pero pueden captarse con las videocámaras y las fotografías digitales. Unos creen que son manifestaciones fantasmales, otros, fenómenos naturales de la física.

Ouija: en una superficie plana en la que se reflejen las letras del abecedario, los números del 0 al 9 y las palabras «Sí» y «NO», se coloca boca abajo una copa o un vasito. Los presentes que intervienen colocan un dedo cada uno sobre la copa. Preguntan algo y esperan. Lo más probable es que la copa o el vaso empiece a moverse eligiendo letras o números sucesivamente para formar palabras y frases, contestando así a las preguntas formuladas. Algunos consideran la ouija como un instrumento espiritista, otros como generador de un fenómeno paranormal todavía inexplicable. En cualquier caso, la ouija no es un juego y puede ser muy peligrosa para las personas emocionalmente inestables y que no saben distanciarse del fenómeno.

Piedra filosofal: la quintaesencia, la medicina universal contra todos los padecimientos y garante de la inmortalidad.

Plasma: una parte importante de la materia que constituye el universo se encuentra en forma de plasma. El plasma es una mezcla de iones positivos y electrones. El resultado es una energía brillante y luminosa. Las bombillas fluorescentes tienen plasma en su interior. Lo sólido, lo líquido y lo gaseoso son los tres estados de la materia; el cuarto sería el plasma.

Poltergeist: palabra alemana que significa «duende travieso». En parapsicología, conjunto de fenómenos causados por una persona viva en estado de estrés y siempre presente en los fenómenos. Éstos pueden ser de tipo acústico, dinámico, óptico... Siempre son muy variados e impactantes, aunque duran poco en el tiempo.

Price, Harry: ingeniero e investigador. Fundador del Laboratorio para las Investigaciones Psíquicas de Londres y miembro de la Sociedad para la Investigación Psíquica (SPR).

Psi gamma: se denomina así al grupo de fenómenos subjetivos relacionados con la psicología, la percepción extrasensorial y los procesos de conocimiento, como la telepatía, la clarividencia, las artes adivinatorias, la precognición, la retrocognición o la radiestesia.

Psi kappa: se denomina así al conjunto de fenómenos objetivos de efectos físicos, como movimiento de objetos, ruidos, dibujos, cambios de temperatura, levitación, fantasmas y espectros, materializaciones, combustiones espontáneas, fotografía psíquica, transcomunicaciones, ectoplasmas y muchos más.

Rap: fenómeno acústico que suelen manifestarse con golpes en las paredes. También se habla de «raps» cuando se graban golpes o ruidos en las cintas magnéticas.

Registros akásicos: de acuerdo con la teosofía, son los registros históricos de todos los acontecimientos del mundo y las experiencias personales de todos los pensamientos y hechos que han tenido lugar en la Tierra y que bajo algunas circunstancias pueden ser leídos.

Richet, Charles: fisiólogo francés y premio Nobel que dedicó parte de su vida a la investigación de los fenómenos paranormales. Fue presidente del Instituto de Metapsíquica Internacional, con sede en París.

Síndrome: conjunto de fenómenos que se producen en un mismo espacio-tiempo y caracterizan una situación determinada.

Tantrismo: doctrina religiosa inscrita en el hinduismo y el budismo que pretende establecer el contacto con la divinidad a través de ciertos ritos y ceremonias.

Técnica Ganzfeld: consiste en aislar al sujeto de los estímulos exteriores situándolo en una cámara insonorizada y colocándole sobre los ojos unas semiesferas de ping pong, mientras recibe a través de unos auriculares sonidos cadenciosos y relajantes. De este modo, el sujeto se hace más sensible a las percepciones extrasensoriales.

Telepatía: transmisión de mente a mente de contenidos mentales o emocionales sin que en el proceso medie ninguna vía sensorial reconocida.

Tocquet, Robert: antropólogo francés e investigador de lo paranormal a mediados del siglo xx.

Viaje astral: se cree que es la disociación entre el cuerpo físico y el cuerpo invisible, también llamado alma, cuerpo espiritual o cuerpo energético. Este desdoblamiento puede producirse de una manera espontánea, pero también puede lograrse a través de técnicas especiales. La experiencia es una vivencia personal que hace cambiar muchos conceptos rígidos sobre la existencia humana. Cuando los investigadores de la Universidad de Duke estudiaron este fenómeno lo llamaron OBE (*Out of the Body Experiences*).

DIRECCIONES DE UTILIDAD

Grupo Hepta
Investigación de fenómenos paranormales
E-mail: solblancosoler@yahoo.es
mpnavarretevarela@yahoo.es

American Society for Psychical Research
5 West 73rd Street
New York, NY 10023

Psychical Research Foundation
Psychology Dept.
William G. Roll
West Georgia College
Carrollton, GA 30118

Society for Psychical Researh
1 Adam & Eve Mewes
Kensington, W8 6UG
United Kingdom

Graduate Parapsychology Program
Dept. of Holistic Studies John F. Kennedy University
12 Altarinda Road
Orinda, CA 94563

Foundation for Research on the Nature of Man,
Institute for Parapsychology
Box 6847
College Station
Durham, NC 27708

Edimburg University
Cátedra Koestler de Parapsicología
Departamento de Psicología
7 George Square
Edimburg EH8 9JZ

Department of Behavioral Medicine and Psychiatry
Division of Parapsychology
Medical Center
University of Virginia
Box 152
Charlottesville, VA 22908

Saybrook Institute
Prof. Stanley Krippner
1772 Vallejo Street
San Francisco, CA 90004

Ghost Club
1 Whitehall Place
London SW 1 A 2HD

Bibliografía

AA. VV., *Espíritus y duendes: las casas encantadas*, Uve, Madrid, 1980.

AUERBACH, Loyd, *Hauntings and poltergeist*, Warner Books, Nueva York, 1986.

BARRETT, William, *Al filo de lo invisible*, Alcántara, Fuenlabrada, 2001.

BARRINGTON, M.R. (ed.), *Crookes and the spirit world*, Souvenir Press, Londres, 1972.

BAYLESS, Raymond, *The enigma of poltergeist*, Parker Publishing, Nueva York 1964.

BEDFORD, James, *et al.*, *El experimento Delpasse*, Martínez Roca, Madrid, 1976.

BERENDT, Heinz, *Parapsicología*, Morata, Madrid, 1974.

BOZZANO, Ernesto, *Los fenómenos de encantamiento*, Bauzá, Barcelona, 1925.

BRUNE, François, *Los muertos nos hablan*, Edaf, Madrid, 1990.

—, y CHAUVIN, Rémy, *En direct de l'au-delà*, Laffont, París, 1993.

CARRINGTON, Hereward, y FODOR, Nandor, *The story of poltergeist down the centuries*, Kessinger, Whitefish, 2006.

COHEN, Daniel, *Encyclopedia of Ghosts*, Dodd, Mead & Co., Nueva York, 1984.

DARNELL, Sinesio, *Parapsicología y ciencia: el mundo de lo intangible*, Alas, Barcelona, 1986.

—, *Tiempo, espacio y parapsicología*, Decálogo, Vilassar de Mar, 1989.

FERNÁNDEZ BUENO, Lorenzo, *Poltergeist, una incómoda realidad*, Nowtilus, Madrid, 2002.

FESLIKENIAN, Franca, *Los fantasmas existen*, De Vecchi, Barcelona, 1989.

FLAMMARION, Camille, *Las casas encantadas*, Abraxas, Santa Perpètua de la Mogoda, 1999.

GAULD, Alan, y CORNELL, A. D., *Poltergeist*, Routledge and Kegan Paul, Londres, 1979.

GIOVETTI, Paola, *El mensaje de los hijos muertos*, Susaeta, Madrid, l995.

GUGGENHEIM, Bill y Judy, *Hello from Heaven*, Bantam, Nueva York, 1996.

HOLZER, Hans, *Ghost I've met*, Herbert Jenkins, Londres, l966.

—, *Beyond this life*, Pinnacle Books, Los Ángeles, 1977.

—, *Supervivientes de la muerte*, Martínez Roca, Barcelona, 1979.

—, *Ghosts, hauntings and possessions*, Llewellyn, Saint Paul, 1990.

—, *Manual de parapsicología*, Edicomunicación, Barcelona, 1990.

—, *Haunted houses*, Black Dog and Leventhal Publishers, Nueva York, 1999.

HORIA, Vintila, *Encuesta detrás de lo visible*, Plaza y Janés, Barcelona, 1975.

JIMÉNEZ DEL OSO, Fernando, *Mito y realidad de los fantasmas*, Uve, Madrid, 1980.

JORDÁN PEÑA, José Luis, *Casas encantadas*, Noguer, Barcelona, 1982.

—, *Poltergeist*, Espacio y Tiempo, Paracuellos del Jarama, 1991.

KERVYN, Paul, *Attention! Maisons hantées*, Axiome Éditions, Bolonia, 2002.

LANCELIN, Charles, *La vida póstuma*, Laboremus, Barcelona, 1930.

LINDLEY, Charles, *Lord Halifax´s ghost book*, Robert Maclehose, Glasgow, 1936.

MARTÍN-PARKER, Carlos, *Guía del investigador paranormal*, Océano Ámbar, Barcelona, 2004.

MARTÍNEZ ROMERO, José, *Las caras de Bélmez*, Martínez Roca, Barcelona, 1978.

MERCADO, Elaine, *Apariciones*, Llewellyn, Woodbury, 2002.

MICHAELS, Susan, *Sightings*, Fireside, Nueva York, 1996.

MONTGOMERY, Ruth, *A world beyond*, Fawcett, Robbinsdale, 1971.

MOODY, Raymond, *Reencuentros*, Edaf, Madrid, 1994.

MYERS, Arthur, *The Ghostly Register*, McGraw-Hill, Nueva York, 1986.

—, *Ghosts of the rich and famous*, Contemporary Books, Chicago, 1988.

—, *A ghosthunter´s guide*, Contemporary Books, Chicago, 1993.

OWEN A.R.G., *Can we explain the poltergeist?*, Helix, Nueva York, 1964.

PARSONS, Colin, *Encuentros con lo desconocido*, Vergara, Buenos Aires, 1991.

PEACH, Emily, *Things that go bump in the night*, Aquarian Press, Wellingborough, 1991.

PILÓN, José María, *10 palabras clave en parapsicología*, Verbo Divino, Estella, 1994.

RÉJU, Daniel, *Les demeures de l'impossible: fantômes et maison hantées*, Belfond, París, 1973.

Riccio, Dolores, *Haunted houses USA*, Simon & Schuster, Nueva York, 1989.

Río López, Ángel del, *Duendes, fantasmas y casas encantadas de Madrid*, La Librería, Madrid, 1995.

Roca Muntañola, Julio, *Viaje astral, proyección astral*, Karma 7, Móstoles, 1975.

Rogo, Scott, *The poltergeist experience*, Penguin Books, Nueva York, 1979.

—, *En busca de lo desconocido*, Martínez Roca, Barcelona, 1982.

—, *La existencia después de la muerte*, Apóstrofe, Arganda del Rey, 1991.

Scott, Beth, *Haunted heartland*, Warner Books, Nueva York, 1985.

Sherman, Harold, *The Dead Are Alive*, Fawcett, Robbinsdale, 1986.

Sleighton, Jonathan, *Los fantasmas existen*, Edicomunicación, Santa Perpètua de la Mogoda, 1995.

Sudré, René, *Tratado de parapsicología*, Siglo xx, Buenos Aires, 1984.

Tahoces, Clara, *Guía del Madrid mágico*, Martínez Roca, Madrid, 1998.

Thurston, Helbert, *Ghost and poltergeist*, Burns Oates, Londres, 1954.

Tocquet, Robert, *Médiums y fantasmas*, Plaza y Janés, Barcelona, 1976.

Tomas, Andrew, *La barrera del tiempo*, Plaza y Janés, Barcelona, 1974.

Warren, Joshua p., *How to hunt ghosts*, Fireside, Nueva York, 2003.

Wilson Colin, *Poltergeist*, New English Library, Londres, 1981.

Zimmer, Pierre, *Dialogue avec mes parents disparus*, Filipacchi, París, l997.

**Otro título de la autora
en Booket:**

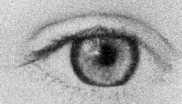 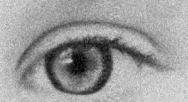

SOL BLANCO-SOLER

CRÓNICAS DEL

MÁS
ALLÁ

Testimonios de experiencias
con el «Otro Lado»

Prólogo de Javier Sierra